ABRÉGÉ

DE LA

VIE DU B. JEAN DE BRITTO

MARTYR

DE LA COMPAGNIE DE JÉSUS,

PAR LE R. P. JOSEPH BOERO,

DE LA MÊME COMPAGNIE.

Traduit de l'italien.

BRUXELLES,

LIBRAIRIE CATHOLIQUE DE L. DE WAGENEER,

RUE AU BEURRE, N° 4.

—

1854.

ABRÉGÉ

DE LA

VIE DU B. JEAN DE BRITTO.

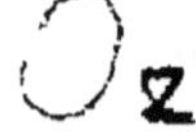

Déposé conformément à la loi.

APPROBATION.

Ayant fait examiner l'opuscule intitulé : *Abrégé de la vie du Bienheureux Jean de Britto, martyr de la Compagnie de Jésus*, par le R. P. Joseph Boero de la même Compagnie, traduit de l'italien, nous en permettons l'impression.

Malines, le 22 octobre 1853.

P. Corten, vic. gén.

Imprimerie de F. Parent, montagne de Sion, 17.

J. Franck sc

LE B. JEAN DE BRITTO,

Prêtre de la Compagnie de Jésus,
martyrisé au Maduré
le 4 Février 1693

[illegible]

ABRÉGÉ

DE LA

VIE DU B. JEAN DE BRITTO

MARTYR

DE LA COMPAGNIE DE JÉSUS

PAR LE R. P. JOSEPH BOERO,

DE LA MÊME COMPAGNIE.

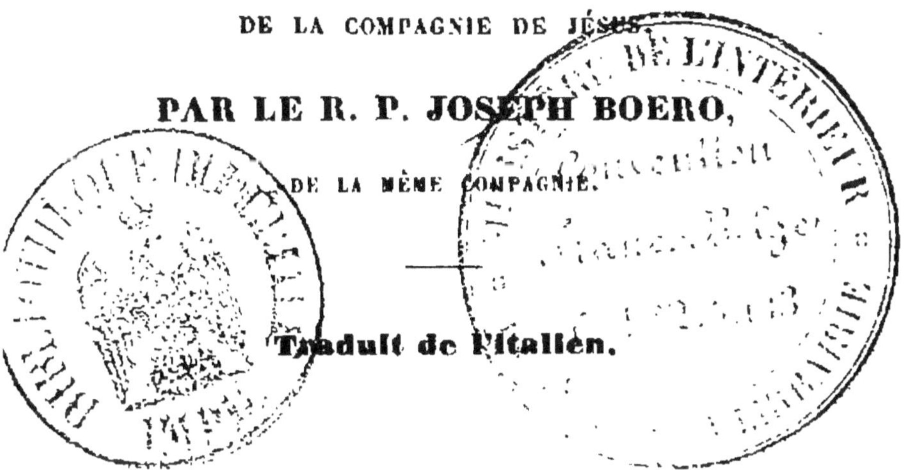

Traduit de l'italien.

BRUXELLES,

LIBRAIRIE CATHOLIQUE DE L. DE WAGENEER,

RUE AU BEURRE, N° 4.

1853.

PRÉFACE.

Les assauts qu'on livre de nos jours à l'Église sont nombreux et terribles. Ce ne sont pas seulement les hommes qui lui sont étrangers, que l'erreur ou la perversité ont armés contre elle, ce sont encore ses disciples mêmes et ses propres enfants qui, insensibles à tous ses bienfaits, se lèvent contre elle, pour déchirer le sein qui les a enfantés à Jésus-Christ. Bien plus, ils s'efforcent de gagner à leur cause ceux qui vivent comme eux, plongés dans le vice et l'impiété.

Or, au milieu de cette terrible lutte, le vrai fidèle doit se mettre devant les yeux les exemples de tant d'illustres et généreux confesseurs de la foi, qui, au prix de leur vie et de leur sang, résistèrent invinciblement à toutes les épreuves. C'est pourquoi l'Église propose de temps en temps au culte public un de ces héros dont l'exemple puisse nous animer à combattre les combats du Seigneur et à persévérer avec force et constance malgré les embûches et les artifices de l'ennemi commun.

C'est à quoi contribuera efficacement, je l'espère, la vie du bienheureux martyr Jean de Britto, de la Compagnie de Jésus, que le souverain pontife Pie IX vient d'élever sur les autels. Il obtint, dans cette lutte contre le monde, sa part de souffrances et de persécutions, la prison, l'exil, les tourments et la mort. Il eut à surmonter les obstacles que lui suscitaient et la noblesse de sa maison, et l'amitié des grands, et l'éclat des cours, et l'abondance des richesses, et la délicatesse de sa complexion. Fort de la grâce de Dieu, il a résisté à tout, il a tout vaincu, non-seulement avec fermeté d'âme, mais avec générosité et allégresse de cœur. Nous allons en voir les preuves sensibles dans cet abrégé de sa vie et de son martyre, abrégé tiré d'un ouvrage plus étendu que j'ai écrit et publié à la même occasion.

ABRÉGÉ

DE LA

VIE DU BIENHEUREUX JEAN DE BRITTO.

I.

Naissance du bienheureux Jean de Britto. — Sa première éducation dans la maison paternelle et à la cour du roi de Portugal. — Ses grands exemples de vertu.

Le bienheureux Jean de Britto naquit à Lisbonne le premier jour de mars 1647. Il était fils de don Salvador de Britto Pereyra, et de Béatrix Pereyra, tous deux de noble origine et particulièrement chers au duc de Bragance, qui fut depuis roi de Portugal sous le nom de Jean IV. La crainte d'une mort prochaine lui fit conférer le saint baptême aussitôt après sa naissance, et la grâce s'empressa ainsi de prendre possession de cette âme bénie. Il était né après deux autres frères et une sœur; mais il marcha avant eux pour la prédilection et les faveurs du Ciel, qui l'appelait à de grandes choses pour son service.

Il n'avait que quatre ans lorsque son père mourut à Rio-Janeiro, où le roi Jean IV l'avait envoyé en qualité de gouverneur du Brésil. Béatrix, restée veuve, s'appliqua entièrement au gouvernement de sa maison et à l'éducation de ses enfants. Inspirée par sa vive piété, elle s'efforça, sur toutes choses, de les faire entrer, dès leurs premières années, dans la voie de la vertu et de la solide dévotion. Elle ne se contentait pas de cet extérieur composé et modeste, qui disparaît si aisément ; elle voulait une fermeté de caractère et une générosité d'âme capables de résister à de fortes épreuves. Aussi appuyait-elle ses leçons sur les principes inébranlables de la foi et de l'Évangile, qui tout en éclairant l'intelligence, donnent à la volonté de la vigueur pour l'action. Or, elle parvenait à ses vues d'autant plus facilement qu'elle employait comme moyen de persuasion l'efficacité de l'exemple beaucoup plus que les exhortations et les discours. Tous ses enfants répondirent aux soins et à la sollicitude de leur mère ; mais celui dont nous écrivons la vie, plus que tous les autres. Jean ne s'écarta jamais en rien des volontés ou des ordres de sa mère; il tint la même conduite à l'égard du maître et du gouverneur qui lui furent donnés pour l'instruire et le diriger. Il était d'un commerce affable, doux dans la conversation, réglé dans toutes ses manières; sur son visage toujours serein se réfléchissait cette innocence baptismale qui était l'ornement intérieur de son âme. Avec le nombre des années croissaient en lui la modestie, la piété, une certaine maturité de jugement et une gravité de maintien ordinairement étrangère aux enfants de son âge. Il était aimé de tous ceux qui l'approchaient, et les choses qu'on remarquait en lui faisaient dès lors présager ce qu'il serait un jour.

Il ne tarda pas à prouver par des actes combien la vertu avait jeté de profondes racines dans son cœur. A l'âge de neuf ans, il fit son entrée à la cour pour y servir de page à don Pedro, fils puîné de Jean IV. Durant les six années qu'il passa dans sa nouvelle position, il ne changea rien à la manière de vivre à laquelle il s'était formé sous la direction de sa mère : il se recueillait souvent pour prier, lisait fréquemment des livres de piété, assistait tous les jours à la sainte messe dans la chapelle royale, et se livrait encore à beaucoup d'autres pieuses pratiques. Étranger aux plaisirs du monde, il regardait avec une sorte de pitié les richesses et les amusements dont les autres se montrent si avides. Loin de se laisser captiver par les vanités du monde, il songeait sérieusement aux moyens de l'abandonner pour se réduire à la pauvreté évangélique. Il fuyait le luxe et la vaine parure des cours, et ne cherchait point à attirer sur lui les regards. Jamais il ne lui échappa une parole un peu libre ; il n'en souffrait pas non plus dans les autres ; et quoique ordinairement poli et affable, il montrait dans ces circonstances son mécontentement avec une sainte liberté. Il ne prenait aucune part aux plaisirs des pages, ses compagnons, encore moins le voyait-on aux théâtres, aux bals et aux tournois. Il se tirait d'embarras en disant qu'il obéissait en cela aux volontés de sa mère. Il se contentait d'être exact au service de l'infant ; le reste du temps, il se retirait dans sa chambre, s'occupant d'études ou d'exercices de piété. En un mot, il veillait sur lui-même, pour échapper aux dangers, et se conserver sans tache.

Cette conduite réglée et cette vie austère devenaient insupportables pour plusieurs pages ; car la seule vue de Jean était une censure de la licence de leurs mœurs. Aussi, entraînés par leurs passions, lui suscitèrent-ils une persécution assez violente : ils le contrariaient en tout point, ne lui épargnant ni insulte ni raillerie. Sa piété était traitée d'hypocrisie, sa modestie d'humeur sauvage, son recueillement de rusticité. Chaque fois qu'il paraissait en public, ils le poursuivaient de leurs traits mordants et de leurs moqueries. Ils ne s'en tenaient pas toujours aux paroles; souvent ils le jetaient par terre, et le battaient cruellement, comme le procès de la béatification en fait foi!

Le saint jeune homme avait appris de sa mère, qu'il vaut mieux plaire à Dieu qu'aux hommes. Aussi ne se laissait-il pas ébranler, et il n'en continuait pas moins d'être assidu à ses exercices ordinaires de piété et de mortification. Il souffrait avec patience les injures et les coups, et loin de s'irriter contre ses persécuteurs, il les traitait avec une affection toute particulière. Tant de vertu contraignit enfin la cour à l'admirer. Sa patience ne pouvait être une apathie naturelle, puisqu'il était d'une complexion sanguine, et avait un caractère extraordinairement vif et sensible. Dès lors cette force d'âme lui fit donner le surnom de *martyr;* comme par un secret pressentiment de sa gloire future.

II.

Il est guéri miraculeusement par l'intercession de saint François Xavier. — Durant une année il porte l'habit de la Compagnie de Jésus. — Il y entre. — Ferveur de son noviciat.

Par suite de ces mauvais traitements, ou de la faiblesse de sa santé, il tomba malade vers la fin de 1658, et en peu de jours il se trouva aux portes de la mort. Comme tout moyen humain était inutile, il implorait le secours de Dieu par l'intercession de saint François Xavier, pour lequel il avait une dévotion particulière. Sa mère, dona Béatrix, fit un vœu au grand apôtre des Indes, et lui promit que son fils, s'il recouvrait la santé, porterait l'habit de la Compagnie de Jésus durant une année. Aussitôt le mal cessa, et Jean fut parfaitement rétabli.

Il parut donc à la cour vêtu en jésuite, portant une petite robe de soie noire, et un chapelet de la sainte Vierge au côté : c'est dans cet habit qu'il servait l'infant don Pedro, l'accompagnait au dehors, et fréquentait tous les jours les classes de notre collége de Saint-Antoine. Le peuple s'arrêtait dans les rues pour le considérer : car le vertueux enfant, comme s'il avait cru que ces livrées l'obligeaient à la même profession de vie, s'appliquait à se conformer en tout aux manières et aux exemples de ceux auxquels il ressemblait extérieurement. Aussi en allant au collége et en s'en retournant, il prenait un maintien si grave qu'il attirait les regards de tout le monde ; et plusieurs s'arrêtaient au milieu des rues pour le voir passer et s'édifier de la modestie angélique et de la candeur empreintes sur son visage et dans tout son maintien. Quant à la formation intérieure de l'âme, il s'y appliqua avec une ferveur nouvelle, vivant plus retiré, se nourrissant plus souvent du pain eucharistique, donnant plus de temps à la prière, et aimant à se joindre, lorsqu'il pouvait le faire, aux novices de la Compagnie.

Quand le terme de son vœu fut venu, il déposa l'habit religieux, mais non le désir secret de le reprendre en se consacrant au service du Seigneur. Déjà depuis environ un an, il avait fermement résolu de quitter le monde et d'entrer dans la Compagnie de Jésus. Il n'était retenu que par la crainte de ne pouvoir résister avec une santé si délicate aux fatigues des études et du ministère apostolique. Mais bientôt mettant sa confiance en Dieu qui, l'appelant à cet état, lui donnerait aussi les forces suffisantes, il sollicita et obtint son admission du père provincial Michel Tinoco. Sa mère dona Béatrix en reçut la nouvelle, et loin de s'y opposer, elle ne fit qu'y applaudir. Il n'en fut pas de même du roi et de l'infant don Pedro ; ils employèrent les raisons, les promesses, l'espérance des honneurs pour le détourner de son dessein. Mais ce fut en vain : rien ne touchait le cœur du saint jeune homme, dégoûté du monde et ennemi de ses grandeurs.

Ce fut le 17 décembre de l'année 1662, que Jean fit son entrée dans notre noviciat de Lisbonne ; il était alors âgé de quinze ans. Il commença sa carrière religieuse par une retraite de huit jours entiers ; et il en sortit si enflammé de l'amour divin, que, ne pouvant le contenir dans son cœur, il en répandait les ardeurs au dehors. Les novices avaient coutume de se préparer par une pieuse neuvaine à la célébration de la fête de Noël; ils la finissaient en présentant à l'enfant Jésus une supplique qui contenait par écrit les grâces que chacun demandait pour le bien de son âme. Jean écrivit aussi la sienne, et le jour de la Nativité, où il prenait l'habit, il l'offrit à Jésus. Il y demandait avec instances la mission du Japon, pour y travailler et y souffrir longtemps, et couronner sa vie par la gloire du martyre.

La ferveur qu'il avait montrée à son entrée ne se démentit pas, durant les deux années de son noviciat. Au témoignage du père François Vittus, alors maître des novices, le jeune Jean devint bientôt un modèle de vertu : on le voyait toujours exact dans l'observance des règles, d'un extérieur réglé, obéissant et soumis en tout à la volonté des supérieurs, toujours recueilli en lui-même et uni à Dieu par l'oraison. Ses discours roulaient sur des choses spirituelles; il en parlait avec tant de goût et d'onction, que ses compagnons le recherchaient pour l'entendre, surtout après la sainte communion. Quand il allait, selon l'usage, servir les malades dans les hôpitaux, il prenait pour lui les offices les plus bas et les plus humiliants. Il ne manquait pas non plus d'y exercer son zèle, exhortant ces malheureux à la patience, et leur enseignant les choses nécessaires au salut. Il ne les quittait point, si parfois au lieu de se montrer reconnaissants ils l'accablaient d'injures et de mauvais traitements. C'était là précisément ce qu'il cherchait, dans la vue de s'abaisser et de s'anéantir; aussi préférait-il ces sortes de malades aux autres; il les visitait plus souvent et les servait avec plus de soin. Par là il touchait les cœurs de ces hommes endurcis, qui finissaient par s'avouer vaincus et lui demandaient humblement pardon. De même à la maison, une de ses plus grandes consolations était d'aider le cuisinier, de balayer les chambres, de soigner les malades...

Il exerçait ce genre de charité, lorsqu'un jour on vint lui annoncer la visite de l'infant don Pedro. Il quitte son occupation, et, gardant son habit sale et rapiécé, il se présente au prince. Loin de s'en offenser, l'infant loua hautement la vertu et l'exemple du noble novice.

III.

Il étudie la littérature à Evora, et la philosophie à Coïmbre. — Il demande et obtient la mission des Indes. — Il surmonte la longue résistance de sa mère.

Ses deux années de noviciat étant finies, il prononça ses vœux de religion le 18 octobre 1664, et passa immédiatement au collége d'Evora, pour y étudier la littérature. Au commencement de la seconde année de ses études, il tomba dangereusement malade. Il avait une fièvre lente, accompagnée de fréquents vomissements de sang. Le mal ayant un peu diminué, les supérieurs, sur l'avis des médecins, l'envoyèrent à Coïmbre : là les forces lui revinrent insensiblement, et il commença ses études de philosophie qu'il soutint quatre années sans interruption.

Son esprit ouvert et pénétrant lui fit faire de merveilleux progrès en peu de temps. Pour atteindre aux vérités les plus abstraites, il ne s'épargnait aucune fatigue, et ne négligeait aucune industrie. Il s'attachait aux savants qui florissaient alors dans la célèbre université, les entretenait souvent, soulevait des doutes, et leur proposait des difficultés, pour leur donner l'occasion de lui communiquer leur science; enfin, il ne perdait rien du temps assigné à l'étude. Mais, pour éviter que le plaisir qu'il trouvait dans les études spéculatives ne le fît tomber dans une vaine complaisance pour lui-même, il dirigeait toutes ses actions vers Dieu, et s'efforçait de les faire toutes en vue de lui plaire. De cette manière les études ne le distrayaient aucunement de sa parfaite union avec le Seigneur.

Après son cours de philosophie, il fut appelé à Lisbonne pour y enseigner la grammaire. Il dirigea sa classe avec autant de zèle que de sollicitude, et il cultivait dans ses élèves la piété autant que les lettres humaines. Quoiqu'il trouvât dans cet emploi de quoi exercer son zèle d'apôtre, ses désirs cependant visaient à quelque chose de plus élevé. Il aspirait ardemment vers les missions des Indes : là il pourrait consumer sa vie en fatigues continuelles, et souffrir beaucoup pour la conversion des idolâtres; là il pourrait même répandre son sang, si Dieu daignait l'admettre à l'honneur de défendre la foi au prix de sa vie. Déjà pendant ses études de philosophie à Coïmbre, le 19 décembre 1668 et le 5 mars 1669, il avait écrit à ce sujet au père général Jean-Paul Oliva. Il lui avait exposé sa guérison miraculeuse, obtenue par l'intercession de saint François Xavier, et le désir ardent, qu'il jugeait avoir reçu de ce saint, de se consacrer à la propagation de la foi ; il finissait ses lettres en le suppliant de lui accorder la grâce qui enflammait ses vœux, parce qu'il espérait, disait-il, y trouver la voie la plus sûre pour aller au ciel. Quelque temps après, un nouveau stimulant lui fit renouveler ses sollicitations. Le père Balthazar da Costa revenait du Maduré en Europe, pour traiter quelques affaires de cette mission, et recruter de nouveaux ouvriers évangéliques. De Britto s'ouvrit à lui, et lui demanda de plaider sa cause auprès du père général à Rome. Le père da Costa eut bientôt reconnu dans le jeune de Britto un sujet de grande espérance, et très-propre aux travaux de sa mission. Il lui promit donc de s'intéresser pour lui, et il tint parole. Quelques mois après cette entrevue, arriva de Rome au père provincial l'ordre de faire partir Jean de Britto avec les autres jeunes missionnaires sur le premier navire qui ferait voile pour le Maduré.

Lorsque, suivant l'usage, on eut lu la lettre dans la chapelle domestique, en présence de tous les pères et frères réunis du collége, ceux-ci ressentirent la plus vive douleur de devoir céder aux Indes un jeune homme dont on n'eût pas aisément trouvé l'égal pour l'éclat du talent et l'éminence de la vertu. Jean, au contraire, tressaillit de joie, et, les larmes aux yeux, rendit à Dieu d'infinies actions de grâces de ce qu'il l'avait choisi dans sa bonté pour un si haut emploi. Il quitta donc sa classe et s'appliqua exclusivement et en son particulier à l'étude de la théologie. Selon toute apparence, il fut ordonné prêtre au commencement de l'année 1674.

Il se trouvait dès lors prêt à partir; mais dona Béatrix sa mère, ayant appris son dessein, mit tout en œuvre pour l'en détourner. Elle s'adressa d'abord au provincial, Emmanuel Monteyro, et elle le pria, avec les plus vives instances, de ne pas éloigner d'elle un fils qu'elle aimait tant. Le père s'excusa en disant que l'ordre de partir était venu immédiatement de Rome et en des termes si absolus, qu'il ne conservait plus aucun pouvoir de s'y opposer ou d'en suspendre l'exécution. Alors cette mère affligée essaya de vaincre la volonté de son fils. Raisons, prières, larmes, caresses, elle employa tout pour le détourner de sa résolution. « Il devait considérer, disait-elle, son veuvage, sa vieillesse, sa santé chancelante et qui succomberait entièrement aux regrets amers dont ce départ serait la cause. Voudrait-il abréger ses jours en la laissant dans une mer d'amertume, et en proie à une affliction mortelle à la nature? S'il ne se souciait point de sa mère, ce qui n'était pas croyable, il devait au moins avoir égard à la délicatesse de sa propre complexion, qui ne résisterait pas aux fatigues des Indes. D'ailleurs, puisque le Portugal ne manquait pas d'âmes à gagner à Dieu, que ne demeurait-il dans ce pays où sous l'influence bienfaisante de l'air natal il pourrait à la fois conserver sa santé et travailler avec fruit. »

Ces paroles percèrent le cœur du père Jean, qui voyait parfaitement l'extrême affliction de sa mère. Mais inébranlable dans la volonté d'obéir à la voix de Dieu qui l'appelait aux Indes il l'exhorta à se conformer aux ordres du Ciel; que pouvait-elle faire de plus agréable au Seigneur, que de donner son fils pour une œuvre aussi sublime que la conversion des idolâtres? Dieu récompenserait son sacrifice par des faveurs magnifiques, et dans cette vie, et encore plus dans l'autre.

L'inutilité de ces premiers efforts ne lui ôta point l'espoir de triompher; elle eut recours à monseigneur Marcel Durazzo, nonce apostolique près la cour de Lisbonne. Ce prélat, touché de compassion, envoya par écrit au père provincial l'ordre de révoquer la permission donnée au père de Britto. Cette nouvelle étant venue aux oreilles du saint religieux, il alla en toute hâte, et accompagné du père Monteyro, trouver le nonce, et plaida sa cause avec tant de force que le prélat, admirant le zèle du serviteur de Dieu, put à peine retenir ses larmes, et retira aussitôt l'ordre qu'il avait donné.

Tout cela ne suffit pas pour arrêter dona Beatrix; elle émut en sa faveur le roi, l'infant don Pedro, et tout ce qu'elle put de courtisans, tandis qu'elle-même faisait de nouvelles instances auprès des pères du collége et de la maison professe. Elle était, comme nous l'avons dit un peu plus haut, d'une foi et d'une piété solides; mais l'amour trop tendre qu'elle portait à son fils, et l'extrême douleur qu'elle éprouvait à le perdre, la conduisirent à tenter tous les moyens possibles pour le retenir en Europe. Ajoutez à tout cela qu'elle sentait encore vivement la blessure que venait de lui faire la perte de don Christoval, son fils aîné. Voyant enfin l'inutilité de toutes ses démarches, la pieuse mère commença à craindre avec raison de déplaire à Dieu en mettant tant d'obstacles au dessein de son fils; elle se soumit donc humblement aux dispositions de la divine Providence et fit généreusement le sacrifice de ce qu'elle avait de plus cher au monde. Ainsi le père de Britto, vainqueur de toutes les difficultés qu'on lui avait opposées, se disposa à partir.

IV.

Ses œuvres de charité et de zèle sur le navire. — Il finit à Goa ses études de théologie. — Il part pour la mission du Maduré.

Son départ était fixé au 25 mars de l'an 1674. La veille, le père Jean fit une visite à sa mère ; mais pour ne pas trop l'attrister, il ne lui dit pas que c'était la dernière. Il évita avec soin tout ce qui aurait pu apporter de nouveaux empêchements à son voyage. Ainsi il ne se trouva point avec les autres missionnaires qui se rendaient en pompe, suivis d'une grande multitude de peuple, de notre église aux bords du Tage; mais il se rendit au navire en secret, et avant tous les autres, et ne se montra que quand le danger d'être découvert eut disparu. Il avait écrit une lettre très-affectueuse à sa mère pour lui communiquer son départ.

Le capitaine du navire, don Rodrigue da Costa, eut toutes sortes de politesses pour le père de Britto. Celui-ci profita de cette amitié pour exercer plus librement son saint ministère. Il prêchait tous les dimanches ; il enseignait le catéchisme aux enfants et aux ignorants, et occupait toujours les matelots et les passagers de quelque exercice de dévotion. Près de la ligne, un calme les surprit. Le biscuit se gâta, l'eau se corrompit ; la plupart des passagers tombèrent malades et plusieurs missionnaires furent de ce nombre. Le père Jean, quoique plus faible que les autres, ne sentit aucun mal ; il se multiplia pour porter nuit et jour les secours spirituels et corporels aux infirmes. Il dut en un seul jour administrer l'extrême-onction à trente personnes et les préparer au dernier passage. L'épidémie eût peut-être été plus dangereuse encore et la mortalité plus grande, si le bienheureux n'avait eu recours au Ciel. Il exhorta tout le monde à implorer, par une neuvaine, le patronage de saint François Xavier. En peu de jours un vent favorable enfla les voiles, et les malades se trouvèrent guéris avec une promptitude qui, au dire des médecins eux-mêmes, tenait du prodige.

Mais voici un danger nouveau. Après quelques jours d'une paisible navigation, une tempête furieuse éclate, et le vent prend le vaisseau en proue. Le pilote s'efforce durant plusieurs jours de gagner le terrible cap de Bonne-Espérance; mais en vain. Au lieu d'avancer d'un pas, ils reculent de plusieurs milles avec un danger évident de faire naufrage. Le saint missionnaire ordonne une seconde neuvaine à saint François Xavier, et une seconde fois il est exaucé. Le vent tombe, on double le cap, et après quelques jours de repos dans l'île de Madagascar, on poursuit la route pour aborder en septembre au port de Goa.

A peine le père de Britto avait-il mis le pied sur le rivage, qu'il courut embrasser les pères du collége; et après avoir adoré le saint Sacrement, il se prosterna sur le tombeau de saint François Xavier, son père et son protecteur. Il le remercia avec effusion de toutes les faveurs qu'il avait reçues de lui pendant sa vie et notamment dans son dernier voyage; il le conjura d'être son guide et son maître dans la nouvelle carrière de l'apostolat. Après s'être reposé des fatigues du voyage, il reprit les études de théologie qu'il avait commencées à Lisbonne. Il réfléchit beaucoup, il consulta; et au bout de cinq mois de continuels travaux, il se trouva en état de soutenir un examen sur toute la Somme de saint Thomas. Il étonna ses professeurs ainsi que le père Blaise d'Azévédo, alors provincial. Celui-ci, satisfait du savoir et des talents du père de Britto, l'exempta de continuer son cours de théologie.

Sa piété ne souffrit rien de l'étude des sciences abstraites. Il savait trouver du temps pour s'unir à Dieu dans l'oraison, pour s'exercer dans les offices les plus bas de la maison, et pour servir les malades dans les hôpitaux. Il eût poussé à l'excès l'usage des pénitences, si ses supérieurs ne lui en eussent déterminé la mesure. Sous prétexte de se préparer à la mission, il voulut suivre le genre de vie rude et austère des missionnaires du Maduré, lequel consiste à ne manger ni viande, ni poisson, à dormir sur la terre nue, et à marcher nu-pieds.

Les pères de Goa, ravis de la vertu du serviteur de Dieu et craignant que la faiblesse de sa santé ne soutînt pas les fatigues de la mission, cherchèrent à le retenir dans ce collége, où la sainteté de sa vie et l'étendue de son savoir eussent été une grande ressource pour les jeunes gens que l'on y formait aux sciences. Ils lui proposèrent donc de rester avec eux et de donner dans cette université un cours de philosophie.

A quoi le bienheureux père répondit qu'il n'avait jamais eu d'autre désir que de consacrer sa vie à la conversion des idolâtres ; qu'il en avait demandé à Dieu la grâce, et la permission à ses supérieurs, et que sans aucun mérite de sa part il avait obtenu l'une et l'autre; qu'en conséquence ils voulussent bien n'y pas mettre obstacle, lorsque déjà il avait un pied levé pour s'élancer dans la carrière apostolique.

Les pères ne trouvèrent rien à opposer à cette réponse, et s'abstinrent de l'inquiéter davantage à ce sujet. En conséquence ayant reçu peu après de son provincial l'ordre de se mettre en route, il fit ses préparatifs avec une joie extrême; et au commencement d'avril 1674, il mit à la voile du port de Goa pour le Malabar, avec le père Emmanuel Rodriguez et quelques autres compagnons.

V.

Tableau succinct de la mission du Maduré. — Souffrances et périls que rencontre le bienheureux dans le voyage. — Il sert les pestiférés et se livre tout entier au ministère de l'apostolat.

La mission du Maduré n'était pas, à l'époque dont nous parlons, restreinte aux seules limites de la ville et du royaume de ce nom. Elle comprenait les royaumes de Gingi, de Tanjaour, de Velour, de Golconde, et une partie du Maïssour, ainsi que les principautés de Trichirapalli et du Marava. Sa largeur de l'est à l'ouest était d'environ 80 lieues, et sa longueur du nord au midi, de plus de 200 lieues. Le pays présente des différences pour le climat et pour l'abondance des productions. Ici s'élèvent des montagnes et des chaînes escarpées, couvertes de forêts épaisses et impraticables que peuplent des animaux féroces ou venimeux. Là se déroulent de larges plaines et des vallées charmantes, arrosées en tous sens par de nombreuses rivières qui les fécondent et qui vont se perdre dans des terrains calcaires et sablonneux. La chaleur y est excessive, et devient insupportable pour quiconque ne s'y est pas habitué pendant plusieurs années. Les villes et les bourgades s'y trouvent en grand nombre et sont toutes fort peuplées. Les habitants sont pour la plupart doués d'intelligence, et apprennent facilement les sciences, pour lesquelles on avait même érigé des chaires depuis très-longtemps, dans le Maduré surtout. Ils se divisent en plusieurs classes ou castes de noblesse, qualité à laquelle ils attachent plus de prix qu'à tout le reste; de sorte qu'on n'y obtient rien par le mérite, mais uniquement par la naissance. Ceux qui n'ont pas l'avantage d'appartenir à quelqu'une des castes nobles, sont appelés *parias*, et sont l'objet du plus profond mépris dans ce pays.

Cette manière d'envisager la noblesse fut, durant de longues années, la cause principale de la stérilité de la semence évangélique dans ces contrées; car les missionnaires étaient regardés comme des parias, venant de l'étranger. Il était réservé au père Robert de Nobili de surmonter ces obstacles; la noblesse de sa famille, la supériorité de son génie, l'austérité de ses mœurs lui ont fait la plus grande réputation. Après avoir travaillé pendant un grand nombre d'années au Malabar, il pénétra dans le Maduré, où il fit une étude toute spéciale des mœurs et des coutumes des brahmines. Ayant reconnu d'où provenait leur aversion pour les missionnaires européens, il entreprit de montrer en toutes circonstances des manières polies et de porter le costume des nobles indiens, et par ce seul changement, il gagna à la foi de Jésus-Christ un grand nombre d'âmes. Ainsi commença et s'accrut la chrétienté du Maduré, et tel était le succès, qu'à l'arrivée du père de Britto, en 1674, on comptait déjà près de cent mille fidèles. Cela suffit pour faire connaître l'origine de cette mission.

Peu de temps après son départ de Goa, le bienheureux aborda à Tanor, sur la côte du Malabar, d'où il se rendit à Ambalacate, collége florissant de la Compagnie. Après quelques jours de repos, il partit pour la résidence de Colei, dans le royaume de Gingi, dont le père provincial Blaise d'Azévédo l'avait nommé supérieur. Pour y arriver, il dut gravir deux chaînes de montagnes très-élevées, où il n'y avait ni chemin, ni sentier; il devait donc s'accrocher aux ronces et aux rochers, et passer la nuit exposé aux intempéries des saisons, aux attaques des tigres et de brigands nombreux. C'était un spectacle touchant de voir le saint missionnaire tout trempé de sueur et hors d'haleine, s'attacher à ces rochers escarpés, et les arroser de son sang qui coulait en abondance de ses pieds déchirés par les épines et les pierres. Au milieu de la route, il tomba malade par suite de ses souffrances, et ne fut rétabli que par l'intervention miraculeuse de saint François Xavier dont il implorait le secours. Enfin, après tant d'efforts et de dangers, il arriva tout épuisé à la résidence de Colei, après laquelle il avait tant soupiré; ce fut la veille de la fête de saint Ignace, le 30 juillet.

Il y trouva aussitôt de quoi exercer sa charité. Une épidémie avait envahi presque tout le royaume de Gingi; les moribonds gisaient partout dans les maisons, dans les rues, et à la campagne, privés de tout secours. Le père de Britto se sentit le cœur déchiré à la vue de tant de maux, et n'hésita pas de se dévouer entièrement au service de ces malheureux. Il ne prenait aucun repos ni jour ni nuit, allait de cabane en cabane; il leur prodiguait des soins maternels pour les soulager autant qu'il le pouvait; souvent il les prenait sur ses épaules, les portait dans quelque asile, pansait leurs plaies, et les lavait eux-mêmes sans s'épargner aucun service de ce genre. Mais il ne se bornait pas aux secours donnés aux chrétiens; et beaucoup d'idolâtres qu'il avait soignés avec tant de charité, furent touchés par la grâce et se convertirent à la vraie religion.

Le fléau n'eut pas plus tôt disparu, que le père de Britto se livra avec toute son ardeur à la prédication. En peu de temps, son zèle avait gagné à Dieu trois cent soixante nouveaux chrétiens, qu'il avait instruits et baptisés lui-même. Le nombre de ces conversions allant toujours croissant, il fallut établir deux résidences, l'une au nord du district, et l'autre près de Tattouvantchéri, au midi; celle-ci fut confiée au père de Britto. Mais il franchit ces limites et parcourut presque tout le royaume de Gingi, pénétra dans celui de Velour et dans le Tanjaour, et opéra partout des conversions. La méthode qu'il suivait entraînait des fatigues excessives. Il envoyait devant lui deux ou trois catéchistes pour préparer les populations; puis, arrivé à l'endroit désigné, il rassemblait les néophytes autour de lui et excitait leur ardeur par une allocution chaleureuse.

Il faisait ensuite la visite des malades et des moribonds, baptisait les nouveau-nés des familles chrétiennes, et instruisait les catéchumènes.

Lorsque les fidèles, apprenant son arrivée, accouraient en foule de la campagne pour se confesser, il les recevait tous avec charité, et il passait dans ce saint ministère douze heures et plus encore sans interruption, ainsi qu'une bonne partie de la nuit. Aux jours de fête, de très-grand matin, il faisait un discours chaleureux en tamoul; ensuite il présidait à l'instruction des catéchumènes et à l'examen des néophytes, conférait le baptême aux adultes, bénissait l'eau pour les malades, et distribuait l'aumône aux pauvres; enfin après avoir pris un peu de nourriture consistant en une poignée de riz cuit dans l'eau, il s'occupait seul dans sa cabane à résoudre les doutes que lui proposaient les idolâtres, à avertir et corriger les chrétiens égarés; il éteignait les haines et terminait les différends, jusqu'à ce qu'enfin, contraint par la nuit, il retournait à l'église pour y réciter le chapelet avec tout le peuple. Après avoir ainsi séjourné dans une localité aussi longtemps que le besoin et le nombre des chrétiens l'exigeaient, il passait à une autre pour y reprendre les mêmes travaux.

Mais ces labeurs étaient bien peu de chose en comparaison des souffrances qui les accompagnaient. Ses courses se faisaient toujours dans des sables brûlants et à travers des bruyères impraticables ; il ne mangeait que quelques herbes et quelques légumes ; il prenait un peu de repos sur la dure et en plein air ; il rencontrait des dangers innombrables sur les fleuves, et dans ce pays plein d'animaux féroces et venimeux. Pendant les trois premières années que notre bienheureux passa au Maduré, les guerres intestines ne cessèrent de bouleverser tous ces royaumes ; de là les incendies et les massacres sans nombre commis par les soldats et les brigands qui parcouraient le pays. Le saint missionnaire, obligé par son ministère à se rendre çà et là, tomba plusieurs fois dans les mains de gens en embuscade, et l'on peut facilement comprendre que les injures, les outrages, les coups et les blessures ne lui manquaient jamais. Dans plusieurs circonstances, il devait incontestablement perdre la vie, si Dieu ne l'eût sauvé d'une manière toute providentielle. J'ai raconté ailleurs les faits particuliers, et surtout le danger où il se trouva pendant plusieurs jours d'être englouti par les eaux ou dévoré par les serpents, dans la grande inondation de 1677. Dieu, il est vrai, consolait beaucoup son serviteur par les fruits abondants que produisaient ses fatigues et ses peines, et par les grâces spéciales et surnaturelles qu'il répandait sur les nouveaux convertis.

VI.

Il fonde une nouvelle résidence au milieu de continuels dangers de mort. — Fruits abondants qu'il recueille de ses fatigues. — Il devient supérieur de la mission.

Vers le commencement de l'année 1678, sur un ordre des supérieurs, le saint passa de la résidence de Tattouvantchéri au gouvernement de la mission de Couttour, laquelle s'étendait sur plus de quarante lieues le long de la côte, et allait jusqu'au cap Calimero. Ce serait prolonger trop la narration, de vouloir présenter en détail les conversions qu'il opéra, les souffrances et les persécutions qu'il endura, et les prodiges par lesquels Dieu daigna autoriser la prédication du saint missionnaire.

Il demeura près de Tattouvantchéri trois jours entiers sur un monticule environné d'eau, qui croissait incessamment et toujours sur le point d'être englouti; il n'avait d'autre nourriture que quelques racines amères, qu'il s'était procurées avec peine. En retournant du Marava au royaume de Tanjaour, après avoir passé trois fleuves à la nage, il fut surpris par la nuit dans une forêt solitaire; là, tout mouillé, engourdi par le froid et exténué de faim, il se laissa tomber par terre et il offrit à Dieu sa vie en holocauste. Une autre fois, ne sachant comment traverser un fleuve rapide et gonflé, il vit tout à coup un jeune homme inconnu qui le transporta de l'autre côté et disparut. L'année 1682, il fut appelé à la côte de la Pêcherie, et il essuya en allant et en revenant de terribles bourrasques. Il disait dans une lettre à son supérieur : « Notre traversée a été bien pénible.
» Pendant trente-cinq jours nous avons eu la
» mort continuellement devant les yeux, et
» nous pouvions dire comme l'Apôtre : « Nous
» avons fait trois fois naufrage. » La chaloupe fit
» eau de toutes parts, et bientôt après elle se

» brisa. Nous cramponnant à des planches, nous » luttâmes contre la fureur des vagues et nous » fûmes recueillis par pitié sur une jonque mu- » sulmane. Ceux qui nous avaient sauvés, » effrayés de voir la tempête redoubler, chan- » gèrent bientôt de sentiment : ils nous mirent » dans un misérable esquif à peine fermé, sans » voile, sans rame, et nous abandonnèrent au » hasard des flots. Cependant Dieu fut notre » pilote, et il nous conduisit heureusement au » port; mais le navire qui nous avait rejetés fit » naufrage. »

Les conversions qu'il opérait dans toutes les classes enflammaient chaque jour son zèle, et excitaient son courage à affronter généreusement les périls et les fatigues. Pendant quatre années, de 1680 à 1684, qui furent les années les plus calamiteuses pour le Maduré, à cause des guerres incessantes, le bienheureux amena à la foi et baptisa 3,090 idolâtres, dont plusieurs étaient distingués par leur naissance ou leur emploi. Ce n'était pas seulement la sainteté de sa vie, mais l'éclat de ses miracles qui lui conciliaient l'estime et la vénération des païens mêmes. Pendant une seule année, il délivra plus de vingt possédés des vexations du démon, et guérit plusieurs malades désespérés.

La réputation de sainteté du bienheureux croissant de plus en plus, ses supérieurs résolurent de le faire recteur du collége d'Ambalacate (1685). Lorsqu'il en eut connaissance, il sollicita si vivement et fit tant de démarches que les supérieurs se gardèrent dorénavant de lui en parler. Mais il ne put se soustraire à la dignité de supérieur de toute la mission. Il l'accepta volontiers, parce que ce n'était pas une charge honorifique, mais un office qui le rendait le serviteur de tous, et l'assujettissait à de continuelles souffrances, conformément à ses désirs. Au reste, il trouva de quoi se satisfaire. Une persécution générale éclata alors contre la foi par les intrigues des brahmes et des jogues. Le saint missionnaire ne pouvait faire un pas sans danger; sous chaque touffe d'herbe était un serpent, et cependant il voulut visiter tour à tour toutes les résidences, pourvoir à la sûreté des missionnaires, fortifier les néophytes, et les prémunir contre la rage des persécuteurs. En plusieurs endroits il fut maltraité par les soldats et les bandits, provoqué à des disputes par les brahmes, exilé par les gouverneurs, insulté par la populace, emprisonné et condamné à mort. Après avoir administré le baptême dans le royaume de Golconde, à 180 adultes, il traversa les royaumes de Velour et de Gingi, et entra dans le Maduré où on l'attendait. Pendant qu'il y disposait au baptême 200 catéchumènes, une horde de gens armés l'assaillit et se saisit de sa personne. On le battit rudement à coups de poing, de pied et de bâton; on lui lia les mains derrière le dos, et on le conduisit à la prison des malfaiteurs. Après de longues souffrances, il vit deux fois un bourreau venir à lui l'épée haute, comme pour lui trancher la tête; le saint se mettait à genoux et se préparait à recevoir le coup mortel. Mais soit que l'on craignît un soulèvement dans le peuple, soit qu'on n'osât pas en venir là, sans un ordre exprès du roi, on se borna à ces démonstrations, et après l'avoir tourmenté et outragé à plaisir, on le mit en liberté. Il passa de là dans le royaume de Tanjaour, où la persécution s'était réveillée plus furieuse que jamais. Arrivé aux frontières, il se trouva entouré d'une foule de chrétiens, qui, les yeux en larmes, le prièrent de rebrousser chemin, et de ne pas s'exposer au danger certain d'être mis à mort par le tyran. Mais ni raisons ni prières ne purent le retenir. Entré dans la ville, il voulut d'abord voir et embrasser tous les fidèles qui avaient déjà souffert pour Jésus-Christ des tourments, des supplices et une dure captivité. Ensuite, de sa parole énergique il anima les faibles, et avec l'aide de quelques chrétiens qui vivaient à la cour, il vint à bout de calmer la colère du roi et de faire cesser la persécution.

VII.

Il est emprisonné au Marava. — Ses divers tourments et souffrances. — Il est condamné à mort; délivré, et exilé du royaume.

Les affaires du royaume de Tanjaour étant en meilleur état, le bienheureux Jean de Britto retourna au Marava, où il avait déjà fait plusieurs courses, et fondé une petite chrétienté. Après un long et périlleux voyage, il y arriva au printemps de l'année 1686, et en moins de trois mois il baptisa 2,070 idolâtres. Sur ces entrefaites on lui conseilla d'aller au plus tôt vers les provinces du Nord où les catéchistes avaient disposé tout une population au baptême.

Déjà il était arrivé à l'entrée d'une bourgade de ce pays, appelée Mangalam, quand il rencontra une compagnie de soldats, qui reconnurent le missionnaire européen et le prédicateur de la loi de Jésus-Christ. Ils le saisirent, le lièrent avec des cordes et des chaînes de fer, et le conduisirent en présence de Coumara-Poullei, leur général et le premier ministre d'État du roi de Marava. Celui-ci portait une haine implacable à l'Évangile de Jésus-Christ et notamment au serviteur de Dieu. C'est pourquoi, quand le missionnaire parut, il lui adressa des paroles de mépris, et lui ordonna d'adorer à l'instant l'idole Siven. Mais le saint répondit : « J'adore l'unique et vrai Dieu, créateur du ciel et de la terre, et je ne reconnais et ne reconnaîtrai jamais d'autre Dieu. » — Irrité de cette réponse, le barbare se tourna vers les deux catéchistes et les autres chrétiens présents, arrêtés avec le père de Britto : « Et vous, leur dit-il, que répondez-vous? » Et ceux-ci : « Eh! dirent-ils, ce que vient de répondre le père Jean. » Tous furent frappés par ordre de

Coumara-Poullei, et battus si cruellement à coups de verges et de chaînes de fer, que quelques-uns faillirent en mourir. Ensuite le roi fit arracher les vêtements du missionnaire, lui commandant de mettre sur sa tête de la cendre consacrée aux idoles; et comme il refusait de le faire, le tyran entra dans une si grande colère qu'il le menaça de déchirer son corps et de le saupoudrer de sel.

Le lendemain le bienheureux fut conduit sur le bord du fleuve pour subir le supplice de l'eau, supplice fort commun dans ce pays. On lui attacha les mains derrière le dos, et on lui lia les pieds avec deux longues cordes qu'on fit passer sur une poutre; on souleva ainsi son corps recourbé en arc, et en lâchant tout à coup les cordes, on le laissa tomber dans les flots; là un bourreau appuyant de tout son poids sur le dos du martyr, le fit descendre au fond de l'eau et l'y retint immobile jusqu'à ce qu'il fût près d'étouffer. On le retira ensuite des flots au moyen des cordes, pour l'y replonger de la même façon, et l'on réitéra plusieurs fois ce supplice cruel.

Le saint martyr, toujours plein de courage au milieu des tourments, exhortait ses compagnons à persévérer jusqu'à la fin dans la foi de Jésus-Christ.

De Mangalam, il fut conduit à Calcarcoïl, et de là à Pagany, où il fut jeté avec ses compagnons dans un étroit et obscur cachot. Au bout de quelques jours, les bourreaux entrèrent dans la prison, et en firent sortir tous les autres prisonniers. Ensuite on flagella ces généreux chrétiens avec tant de barbarie, que le sang jaillissait de toutes parts, et que sur tout leur corps se détachaient des lambeaux de chair. Les bourreaux, insatiables de cruautés, exercèrent surtout leur rage sur le père de Britto. On lui ôta ses vêtements, et on l'exposa nu sur un banc de pierre ponce, que l'ardeur du soleil avait rendue brûlante. Là huit bourreaux vinrent l'un après l'autre le fouler aux pieds, et le traîner sur le sol avec tant de violence que les pointes des pierres lui entraient dans le corps et le déchiraient de la tête aux pieds. Ainsi maltraité et baigné dans son sang, on le laissa longtemps exposé aux rayons d'un soleil brûlant, jusqu'à ce qu'enfin on le reportât plus mort que vif dans son affreuse prison.

Il avait déjà plusieurs fois confessé et défendu la foi de Jésus-Christ en présence de

Coumara, qui, après avoir employé inutilement les promesses et les menaces, l'avait enfin condamné à mort. Au jour marqué, il fut tiré de sa prison pour être conduit au lieu du supplice. Des soldats armés marchaient en avant; l'homme de Dieu les suivait chargé de chaînes, les yeux élevés vers le ciel, le visage rayonnant de joie; après lui venaient les bourreaux et une foule immense de peuple. Mais Dieu, qui voulait le réserver à d'autres combats et à d'autres triomphes, détourna, cette fois encore, le coup qui allait le frapper. Un envoyé de la cour arriva, apportant au général Coumara l'ordre de se diriger avec toute son armée vers la capitale, où l'on venait de découvrir une horrible conspiration contre la vie du prince. A cette nouvelle, la confusion et le désordre se répandirent partout : le peuple se dispersa, les soldats se préparèrent à marcher; et les officiers de justice rebroussèrent chemin, et mirent encore dans les fers le père de Britto, qui, après y avoir passé vingt-deux jours dans des souffrances continuelles, en fut enfin tiré pour être conduit à Ramanadabouram, capitale du Marava.

A son arrivée, il fut conduit chez le prince Ranganâdadéven, qui le reçut avec politesse, le fit asseoir à ses côtés, et le pria de lui exposer brièvement les articles principaux de la doctrine qu'il prêchait. Le saint missionnaire, après avoir récité le décalogue, lui en montra le sens et la sagesse avec tant de grâce et de force, que Ranganâdadéven, tout étonné, s'écria : « Ici, il » faut nous rendre ! La loi des chrétiens est » sainte, parce qu'elle ordonne tout ce qui est » vertu et défend tout ce qui est vice. » Se retournant ensuite vers le père de Britto : « Je t'ac» corde, dit-il, la vie, et je rends la liberté à toi » et à tes disciples. Continue donc d'adorer » ton Dieu et d'en prêcher la loi, qui me paraît » bonne; mais parce qu'elle défend le culte de » nos dieux et parce qu'elle condamne la poly» gamie et le vol, je ne veux pas que tu la prê» ches à mes sujets; si tu oses le faire autre» ment, je te ferai trancher la tête, sois-en bien » sûr. Sors donc pour toujours de mes États. » Après cela, le prince se retira avec sa cour; et le saint, délivré de ses chaînes, fut mis en liberté avec les autres confesseurs de Jésus-Christ; mais pour ne pas aigrir davantage la haine du prince barbare, il sortit du Marava.

VIII.

Le bienheureux est envoyé en Europe pour traiter les affaires de la mission. — Il visite plusieurs colléges en Portugal, et partout il allume une grande ferveur. — Il renonce aux honneurs que lui offre le roi, et il obtient de retourner aux Indes.

Le père Emmanuel Rodriguez, provincial du Malabar, ayant appris la délivrance du serviteur de Dieu, le rappela sur la côte de la Pêcherie. Il y demeura quelques mois; et après avoir réparé ses forces détruites par tant de souffrances, il demanda instamment de pouvoir rentrer dans sa mission. Ni les prières, ni les larmes de ses amis, qui lui conseillaient de ne pas y retourner sitôt, pour ne pas tomber dans les mains des persécuteurs, ne purent le retenir. L'obéissance seule put mettre un frein à l'ardeur de son zèle; elle l'arrêta, en effet, puisque quelques jours après son départ, il fut obligé de revenir sur ses pas, en vertu d'un ordre que lui donna le père provincial. Le père François Paes, qui se rendait en Europe en qualité de procureur du Malabar, ayant fait naufrage au cap de Bonne-Espérance, les supérieurs se déterminèrent à lui substituer le père Jean de Britto. N'ayant pu se soustraire à cette mission, il quitta la Pêcherie au mois de novembre 1687, et prit terre à Goa au commencement de 1688. Là il s'embarqua sur un des vaisseaux qui étaient déjà prêts à faire voile, et après une heureuse traversée, il arriva à Lisbonne le 8 septembre 1688.

A la première nouvelle de son arrivée inattendue, toute la ville en fut émue, et plusieurs personnages de la première noblesse accoururent à la maison professe pour le voir. Le roi don Pedro II (dont il avait été page) se distingua au-dessus de tous par les témoignages qu'il lui donnait de la plus vive affection. Il sortit aussitôt de ses appartements pour aller à sa rencontre, l'embrassa avec effusion, et voulut entendre de sa propre bouche le récit de ses souffrances. La reine Isabelle-Marie éprouva, à la vue de cet homme de Dieu, un sentiment de vénération si pénétrant, qu'elle faillit se jeter aux pieds du martyr. Elle lui demanda sa bénédiction, assista ensuite à la messe qu'il célébra dans la chapelle royale, où elle reçut la sainte communion de sa main. Enfin les ministres et les grands, dont beaucoup avaient été ses compagnons de jeunesse, et les témoins de sès vertus, lui rendaient mille témoignages de respect et d'honneur.

Après avoir satisfait à ces premiers devoirs, le saint missionnaire présenta ses lettres à la cour, et ouvrit les négociations sur les affaires de sa mission. Il écrivit au révérend père Thyrse Gonzalez, général de la Compagnie, pour le prier de le dispenser du voyage de Rome. En attendant sa réponse, il voulut visiter quelques colléges de la province, afin de recueillir des ouvriers évangéliques qu'il pût envoyer aux Indes. A Coïmbre, il alluma une ferveur extraordinaire dans le cœur des jeunes gens; tous se sentaient transportés du désir de le suivre et de se dévouer à la conversion des Indiens. Cette sainte émulation s'empara même des hommes d'un âge avancé, et des professeurs des plus hautes facultés, qui en vinrent à le prier de les accepter pour compagnons dans sa glorieuse entreprise. De là, il se rendit à Porto et à Brague, et après avoir excité partout par sa présence la même ardeur et le même enthousiasme, il retourna à Lisbonne, où il trouva des lettres du révérend père général, qui, en le dispensant du voyage de Rome, lui ordonnaient en même temps de se remettre aussitôt en route pour les Indes. Tous ses préparatifs étaient terminés; il était sur le point de s'embarquer, lorsqu'il reçut tout à coup du roi l'ordre de retarder son départ. On ne connut le véritable motif de cette défense que l'année suivante, où le roi déclara formellement qu'il était absolument décidé à le retenir en Portugal, et à lui confier l'éducation de son fils don Jean, prince du Brésil. Jamais nouvelle plus affligeante n'aurait pu frapper les oreilles de l'apôtre. Il se jeta aux pieds du roi, et plaida sa cause plus par ses larmes que par ses paroles. Quand il vit que ni les raisons ni les prières ne pouvaient l'émouvoir, il eut recours à la reine, et la supplia de vouloir bien s'interposer en sa faveur. Elle le promit, et obtint, en effet, après bien des instances, que le roi ne s'opposât plus au départ du père. Il lui restait à triompher d'un dernier assaut, ou d'une autre persécution, comme il avait coutume de s'exprimer, c'est-à-dire à se soustraire à la dignité d'archevêque de Cranganor, à laquelle le roi voulait absolument l'élever. Dès qu'il en fut instruit, il travailla si bien, et par lui-même et par d'autres, que l'on ne parla plus de cette affaire.

Après avoir remporté toutes ces victoires, il prit congé de sa mère et de ses parents, et déjoua une nouvelle ruse à laquelle le roi avait eu recours au moment même de son départ, dans l'espérance de le retenir ; enfin il s'embarqua à Lisbonne le 8 avril 1690.

La navigation présenta des phases différentes : durant plus de trente jours la mer fut calme et le vent souffla en poupe ; vinrent ensuite les calmes les plus opiniâtres, les chaleurs malsaines, les maladies et la mortalité.

Alors s'ouvrit au bienheureux un vaste champ pour exercer sa charité en soulageant et l'âme et le corps des victimes du fléau. Lui-même fut frappé de la contagion, et l'on avait déjà perdu tout espoir de guérison, lorsque la divine bonté lui vint en aide. Dans une lettre qu'il adressa à don Fernand, son frère, étant à peine débarqué à Goa, il nous décrit lui-même brièvement ce qu'il eut à souffrir pendant ce trajet. « Après
» six mois de navigation, dit-il, j'arrivai ici le
» 5 novembre ; j'avais quitté Lisbonne le 8 avril,
» jour où Leurs Majestés me firent les plus

» grands honneurs du monde, ce dont je ne » perdrai jamais le souvenir. La plus grande » de toutes les faveurs, celle dont je fais le » plus de cas, ce fut la permission de retourner » à ma mission, dans laquelle, au reste, j'ai la » confiance de rester jusqu'à la mort. Je suis » tombé malade dans le voyage ; mais par la » miséricorde de Notre-Seigneur, j'ai recouvré » la santé. J'ai perdu deux de mes compagnons » qui se distinguaient à la fois par leur droi- » ture et leurs vertus : c'était le père Manuel » de Feria et le frère Manuel de Figueredo. Il » périt sur mon vaisseau quarante autres per- » sonnes, dont le soin était tombé exclusive- » ment sur moi, vu que j'étais le seul prêtre » qui fût avec eux ; car un père dominicain, » qui se trouvait là, contraint par la maladie à » garder le lit, ne pouvait ni dire la messe ni » confesser : deux autres prêtres séculiers » étaient suspendus de leurs fonctions. J'espère » que Dieu Notre-Seigneur me fera grâce de » quelques-uns des châtiments que j'ai mérités » pour mes péchés, en considération de ce que » j'ai souffert dans cette traversée, je veux dire » les infirmités, la mauvaise odeur, le froid, le » chaud, les calmes, les vents contraires, les

» fatigues continuelles, enfin toutes les autres » misères qui présentaient une ample matière » de souffrance. » Tel est son récit.

IX.

Il parcourt en qualité de visiteur toutes les résidences de la mission. — Fruits de ses derniers travaux dans le Marava. — Il convertit à la foi et baptise le prince Teriadeven.

Arrivé à Goa, il fut envoyé dans la péninsule de Salsète afin de reprendre quelques forces : de là il revint à Goa, où, forcé d'attendre le vent favorable pour se rendre à Cochin, il se livra au ministère de la prédication. Le fruit qu'il recueillit de ses fatigues fut si abondant qu'un grand nombre des habitants les plus influents supplièrent le vice-roi, l'archevêque et les supérieurs du missionnaire, d'ordonner au père de Britto de demeurer à Goa, pour y continuer le bien qu'il avait si heureusement commencé. Mais le saint homme se défendit courageusement, et réussit, par ses bonnes manières, à obtenir le consentement qu'il souhaitait. Dans le mois de mars de l'année 1691, il arriva au collége de Topa, dans la Pêcherie, où l'attendait le père André Freyre, provincial du Malabar. Il lui rendit compte de son voyage en Europe, et des ressources qu'il en avait rapportées pour toute la mission. Ils tinrent ensuite conseil ensemble sur les moyens à prendre pour accroître le nombre des conversions parmi les idolâtres. Le bienheureux Jean fit preuve d'une telle maturité de jugement, que le père provincial ne trouvant personne qui fût plus capable d'exécuter ce qu'ils avaient résolu, s'empressa de le nommer visiteur de toute la mission. La fête de Pâques à peine célébrée, il partit pour le Maduré, revêtu de sa nouvelle charge. Ce pays était désolé par les guerres civiles et par de nombreuses persécutions contre le christianisme. Là il visita l'une après l'autre toutes les résidences, encouragea les missionnaires, ranima les fidèles et détermina un grand nombre d'idolâtres à embrasser la loi de Jésus-Christ. Mais ses désirs se portaient surtout vers le Marava, où il espérait retrouver cette palme et cette couronne, qui, cinq ans auparavant, lui avaient échappé des mains. Il y alla, et à peine son arrivée fut-elle connue, que de toutes parts des chrétiens et des idolâtres vinrent le trouver en foule. Ce fut au point que l'église, ne pouvant contenir cette multitude, le père de Britto fut contraint d'élever un autel en plein air et d'y exercer le saint ministère. On ne comprenait pas qu'il pût, comme il le faisait, soutenir pendant plusieurs mois des fatigues continuelles et toujours avec la même vigueur d'esprit. Mais le zèle du salut des âmes et les nombreuses conversions qu'il opérait le fortifiaient et le remplissaient d'une force merveilleuse. On ne pourrait croire le fait suivant si le procès de la béatification ne contenait là-dessus la déposition d'un de ses catéchistes; celui-ci affirma donc avec serment, que dans le court espace de dix jours le bienheureux père de Britto administra de sa main le baptême à douze mille idolâtres; et il ajoute que plus d'une fois il fallut lui soutenir le bras droit qui était fatigué de verser continuellement l'eau régénératrice.

Il établit sa résidence dans la principauté de Mouni, sur les confins du Marava. Désirant procurer aux Maraviens un lieu propre à célébrer les saints mystères, il choisit une épaisse forêt non loin de Mouni et y fit construire trois chapelles. Des catéchistes furent désignés pour y enseigner les premiers éléments de la doctrine chrétienne, et la nuit le père y venait administrer les sacrements. En peu de temps, il gagna à la foi un grand nombre de gentils; or, ce n'était pas seulement le vulgaire, mais des brahmes des castes les plus élevées, et même des officiers de la cour du roi, qui se faisaient chrétiens. Dieu se plaisait à augmenter par des miracles l'autorité de sa doctrine. Par une simple prière, par le seul attouchement du bienheureux, les malades désespérés recouvraient la santé, et les possédés étaient délivrés. Cette vertu était même communiquée aux catéchistes et aux néophytes. Ils récitaient l'Évangile sur les malades, ou faisaient sur eux le signe de la croix, et Dieu rendait à ceux-ci la santé.

Le bruit de ces merveilles parvint jusqu'aux oreilles du prince Teriadeven, parent du roi. Comme il était malade, il envoya un de ses serviteurs au père Jean pour le prier de se rendre chez lui et de l'instruire. Le père fit partir un catéchiste fidèle, qui s'informa des intentions du prince, lui exposa en abrégé la doctrine catholique, et l'exhorta à mettre toute sa confiance dans Jésus-Christ, qui est à la fois le

Sauveur des âmes et des corps. Il lut ensuite sur lui l'évangile de saint Jean, lui fit réciter le Symbole des apôtres, et à l'instant le mal cessa et le prince fut guéri.

Un miracle si évident confirma Teriadeven dans ses bonnes résolutions; et ayant eu plusieurs entretiens particuliers avec le catéchiste sur les choses nécessaires au salut, il écrivit au père Jean à Mouni, pour le prier de venir incessamment le voir et le baptiser. Le père, après avoir pris conseil de ses chrétiens, s'y rendit, et instruisit complétement Teriadeven. Au bout d'un peu plus de huit jours, le prince, impatient d'attendre plus longtemps, demanda le baptême. Le saint lui répondit qu'il ne pouvait le lui donner en conscience, attendu que la loi chrétienne ne permettait pas d'avoir plusieurs femmes, qu'il devait en renvoyer quatre avant de recevoir ce sacrement. Sur-le-champ le prince les fait venir toutes; il choisit pour épouse la première des cinq, laquelle d'ailleurs désirait se faire chrétienne; et il déclare aux autres la résolution qu'il avait prise après sa guérison miraculeuse. « Puisque, dit-il, la sainte loi du Christ ne me permet pas de vous retenir, je vous laisse la liberté ou de retourner chez vos parents, ou de rester dans un palais séparé, où je vous ferai traiter avec tous les égards dus à votre rang. Ces paroles les atterrèrent ; mais comme ni les supplications, ni les larmes, ni les caresses ne purent changer la résolution du prince, elles retournèrent au sein de leurs familles, en frémissant de rage contre le père de Britto, auteur de cette séparation.

Teriadeven reçut solennellement le baptême avec deux cents gentilshommes de sa cour. Ceci arriva au commencement de l'année 1693, car il est certain que le serviteur de Dieu célébra la fête de l'Épiphanie dans le palais de Tériadeven. Il retourna ensuite à Mouni, où l'attendait une grande multitude pour recevoir le baptême. L'allégresse des chrétiens était portée à son comble par ces éclatantes conversions, et par la perspective de plus grandes encore, quand éclata tout à coup la plus terrible des persécutions. Elle enveloppa toute cette naissante chrétienté, et lui ravit son seul soutien, le père de Britto, dont nous allons raconter le martyre.

X.

Causes de la nouvelle persécution. — Le bienheureux Jean est pris et conduit à la cour du roi. — Il défend la foi de Jésus-Christ, et il est décapité à Oréïour. — Fêtes célébrées en Portugal à la nouvelle de son martyre.

Parmi les quatre femmes renvoyées par le prince, se trouvait une nièce du roi. Outrée de dépit de se voir chassée de la cour, elle éclate en transports de colère et en cris de rage ; elle vole à Ramanadabouram, se présente éplorée et les cheveux épars devant le roi, et lui raconte l'outrage qu'elle a reçu du souami européen, l'auteur de sa honteuse expulsion. Ensuite elle excite les brahmes et les prêtres des idoles qui furent ravis d'avoir cette occasion de faire éclater la haine implacable qu'ils nourrissaient depuis longtemps dans leur cœur contre le missionnaire chrétien. Ils se réunirent pour délibérer sur les moyens propres à atteindre leur but ; et après plusieurs discussions, ils décidèrent qu'ils se présenteraient en corps devant le roi pour lui exposer leurs accusations dans les formes. Ils mirent à leur tête un brahme nommé Pompavanam, vieillard plein d'années et plus encore de perversité, qui, dans un discours long et étudié, répandit tant d'injures sur la loi chrétienne et tant de calomnies sur le père de Britto, qu'il vint à bout d'allumer une vive colère dans l'âme du barbare Ranganâdadéven. Celui-ci donna ordre sur-le-champ à quatre compagnies de soldats d'aller à la recherche du serviteur de Dieu : trois d'entre elles devaient se porter vers les trois églises construites dans les forêts du Marava ; la quatrième devait marcher directement sur Mouni.

Cependant les premiers qu'on arrêta furent les catéchistes, chargés du soin des trois églises. Le bienheureux était retourné de la cour de Teriadeven à sa résidence de Mouni, et s'occupait à instruire un grand nombre de chrétiens et de gentils. Le 8 janvier, il célébrait à son ordinaire le saint Sacrifice, et il paraît que Dieu lui fit connaître en ce moment ce qui allait arriver. En effet, quand la messe fut finie, il adressa la parole au peuple, et déclara que ceux qui n'avaient point le courage de donner leur sang et leur vie pour rendre témoignage à la foi de Jésus-Christ, devaient partir aussitôt et se cacher. Il prononça ces paroles avec tant d'assurance dans le ton et dans la physionomie, que les auditeurs, troublés et saisis d'une frayeur soudaine, se dispersèrent tous, à l'exception d'un brahme converti et de deux enfants qui voulurent rester avec le père de Britto. Le soir du même jour, on l'avertit de l'approche d'une troupe de soldats à cheval. Alors, levant les yeux au ciel, il fit à Dieu le sacrifice de sa vie, et s'avança à la rencontre de ses persécuteurs, qui se saisirent de sa personne; après l'avoir accablé de coups et de mille mauvais traitements, ils l'emmenèrent avec ses trois compagnons.

De Mouni, ils se dirigèrent vers le château d'Anoumamdacouri, et arrivés là, ils l'attachèrent, pour attirer sur lui plus d'humiliations, à un des chars sur lesquels on avait coutume de conduire triomphalement les idoles dans les fêtes publiques, et ils l'y laissèrent toute la nuit et une grande partie du jour suivant, exposé aux insultes de la populace. Ils reprirent ensuite leur marche, et arrivèrent à onze heures environ à Ramanadabouram, où ils enfermèrent le saint dans un obscur cachot. Une heure après entrèrent dans la même prison les catéchistes qu'on avait arrêtés dans les trois églises. Le bienheureux Père les embrassa, et, pleurant de bonheur, il voulut baiser leurs chaînes, les exhortant à rester inébranlables dans la confession de la foi. Ces hommes généreux tressaillaient d'allégresse dans l'attente prochaine du martyre. Mais l'histoire fait une mention spéciale des deux enfants qui furent pris avec le père de Britto ; ils s'animèrent l'un l'autre à souffrir les tourments et à donner leur vie pour Jésus-Christ.

Peu de jours après, le premier ministre du roi fit amener devant lui tous les prisonniers. En visitant les habits qui leur avaient été enlevés, il trouva un petit crucifix et demanda au père de Britto ce que représentait cette image. « C'est l'image de mon Dieu, répondit-il, qui étant immortel et impassible de sa nature, se fit homme, et mourut sur la croix pour nous racheter de l'esclavage du démon et du péché. » A ces mots l'impie jette avec mépris le crucifix par terre, et le presse sous son pied pour l'écraser. Le saint homme, quoique garrotté et chargé de chaînes, tombe à genoux, se traîne avec effort auprès du crucifix, en approche sa poitrine, et l'arrose de larmes pour réparer cette injure. Il y avait là une grande foule de spectateurs qui, en voyant la forme étrange de ce jugement, se mirent à murmurer et à exciter du tumulte. Aussitôt le juge, fort embarrassé, ordonna de reconduire en prison les confesseurs de Jésus-Christ. Ils y eurent beaucoup à souffrir durant environ un mois.

Vers le 28 janvier on les retira du cachot, et on les conduisit devant le roi. Celui-ci les interrogea un à un et leur demanda s'ils voulaient se soustraire à la mort en adorant les dieux du Marava. Le saint missionnaire répondit au nom de tous : « Nous sommes chrétiens, et nous donnerions volontiers mille vies, plutôt que de manquer à la foi du vrai Dieu que nous professons. » Le barbare, irrité de cette réponse, ordonne à ses soldats de tuer ces rebelles à coups de fusil, sur le lieu même, et en sa présence. Le père, entendant cette sentence, fait quelques pas avec calme et s'agenouille pour recevoir la mort. Mais au même instant arrive à l'improviste le prince Teriadeven qui reproche vivement au barbare sa cruauté. Le premier ministre se joint au prince, tire le roi à part, et lui montre un livre trouvé parmi les écrits du père, et contenant les noms des gentils qu'il avait déjà baptisés dans le Marava. A la vue de tant de milliers de convertis, Rangânâdadéven fut stupéfait, et dans la crainte de quelque émeute il suspendit la sentence.

Le même jour, dans l'après-midi, le serviteur de Dieu fut conduit sur une grande place, où le roi devait passer avec une grande suite d'éléphants et de cavaliers. En marchant dans la rue, le bienheureux entendit la voix du catéchiste Jean Villala, et peu après quelques coups de fusil. Pensant qu'on martyrisait ses compagnons, il pressa le pas, arriva à l'endroit où se trouvait le roi, et lui adressant la parole : « Je suis, lui dit-il, le maître qui ai enseigné la sainte loi à ces gens; ils sont mes disciples. Je suis prêt à vous démontrer la vérité de cette loi, à la défendre, et à donner ma vie pour elle. —Et moi, lui répondit le roi en fureur, ne t'ai-je pas défendu sous peine de mort d'enseigner cette loi dans mon royaume?—La loi que j'enseigne, reprit le père de Britto, n'est pas la mienne; c'est celle du vrai Dieu, Créateur du ciel et de la terre; et s'il me commande de la prêcher, à qui dois-je obéir, à vos ordres, ou à ceux du Dieu qui est le Roi des rois, et le Seigneur des seigneurs ? » A ces mots un capitaine des gardes s'avance, et lui dit : « Comment ! y a-t-il peut-être dans le Marava un plus grand roi et seigneur que notre monarque ? » Ce que disant, il lève la main et donne un soufflet au serviteur de Dieu.

Le roi voulait à tout prix mettre le serviteur de Dieu à mort. Mais il jugeait imprudent de le faire publiquement, de peur de soulever le peuple. Il assembla donc son conseil des ministres et s'arrêta au parti qui lui semblait le plus sûr. Il fit répandre le bruit et annoncer partout que le père Jean de Britto allait être exilé à perpétuité, et conduit sous escorte à Oréïour sur la frontière. En même temps il envoya secrètement à son frère Ouréiardéven, gouverneur de cette province, l'ordre de le livrer au supplice aussitôt qu'il serait arrivé. Le 29 janvier le bienheureux se sépara de ses compagnons. Des larmes coulèrent de part et d'autre. Le prince Teriadeven et les autres seigneurs chrétiens de la cour l'accompagnèrent pendant une bonne partie de la route ; il fallait trois journées de marche à travers un pays désert, couvert de forêts, et dont les sentiers étaient souvent embarrassés de ronces et d'épines. Le père marchait nu-pieds, fortement garrotté, et entouré de gardes qui le poussaient souvent, pour le forcer de courir. Le sang ruisselait de ses plaies, ainsi que de ses pieds déchirés et crevassés ; et ces hommes féroces, loin d'en avoir pitié, l'accablaient d'ignobles railleries. Partout où le saint passait, les chrétiens accouraient pour le voir et recevoir sa bénédiction ; et lui avec un front serein répondait à leurs saluts, les exhortait à ne pas craindre ; puis, se tournant vers les gentils, il leur prêchait les vérités de la foi.

Arrivé à Oréïour le dernier jour de janvier, il fut aussitôt présenté au prince Ouréiardeven, frère de l'usurpateur. Ouréiardeven se trouvait couvert d'une lèpre dégoûtante et en proie à d'autres maux que les médecins avaient déclarés incurables. Il se réjouit néanmoins à la vue du serviteur de Dieu et le pria de lui rendre la santé. Le père répondit qu'il n'appartenait qu'à Dieu seul de rendre la santé à un malade ; quant à lui, tout ce qu'il pourrait faire, c'était d'appliquer quelques remèdes, et de supplier le vrai Dieu de vouloir bien, si c'était son bon plaisir, les rendre efficaces. Nullement satisfait de cette réponse, le prince tenta la foi du serviteur de Dieu par tous les moyens propres à l'ébranler : il alla jusqu'à lui promettre la possession de plusieurs châteaux et villages s'il consentait à renoncer à Jésus-Christ. A la fin, irrité de la fermeté du martyr, il ordonna à un de ses gens, nommé Margharittei, de lui trancher la tête sur-le-champ. Mais celui-ci s'excusa en disant qu'il était chrétien lui-même, et qu'il ne pouvait tremper ses mains dans le sang d'un innocent. Alors la femme d'Ouréiardeven se présenta et menaça son mari des châtiments du Ciel s'il osait exécuter la sentence du roi. Cet incident apaisa le barbare, et il ordonna que le serviteur de Dieu fût reconduit en prison.

Dès que ceci fut connu des brahmes, ils le firent savoir à Mourougapapoullei, gouverneur de la ville. Celui-ci, ennemi mortel de la loi chrétienne, demanda une audience, se présenta devant le prince Ouréiardeven, et dans les termes les plus forts, lui reprocha sa faiblesse et son peu de fidélité à remplir les ordres du roi. C'en fut assez : ce prince timide se laissa vaincre et donna au gouverneur lui-même le pouvoir de faire exécuter la sentence de mort. On l'annonça au serviteur de Dieu dans la matinée du 4 février, qui était le jour des Cendres. A une nouvelle si ardemment désirée, son visage s'épanouit; il tomba les genoux en terre et rendit à Dieu de vives actions de grâces. Puis, s'étant levé : « Me voici, dit-il, je suis prêt; » et il s'achemina au milieu des soldats vers le lieu de son martyre. Il n'eut ni les bras liés derrière le dos ni les menottes aux mains; on le laissa libre de sa personne et portant son bréviaire suspendu à son cou. Il marchait comme ravi hors de lui-même, les yeux attachés au ciel et le cœur à Dieu, et d'un pas si rapide que les gardes, pour ne pas rester en arrière, furent obligés de l'arrêter plus d'une fois. Sur toute la route une multitude de fidèles l'attendait et le saluait avec larmes à son passage. Il la consolait de son regard plein d'une céleste sérénité. Les gentils eux-mêmes en étaient émerveillés, et se disaient les uns aux autres que cet homme semblait aller, non à la mort, mais à un joyeux festin.

Le lieu destiné au martyre était une petite colline qui s'étendait le long du fleuve, à peu de distance de la ville. Quand le bienheureux y fut arrivé, avec la permission de ses gardes, il se retira un peu à l'écart et se mit en prière. Le bourreau étant survenu en ce moment, et voyant le serviteur de Dieu absorbé dans la prière, n'osa ni s'en approcher ni le troubler. Déjà plus d'un quart d'heure s'était écoulé, quand le fils du prince accourut en toute hâte et réprimanda le bourreau de n'avoir pas encore exécuté la sentence. Alors le saint homme s'avança sur le bord du fleuve, et, après avoir embrassé le bourreau, il s'agenouilla, et inclinant la tête : « Je suis prêt, dit-il, vous pouvez » faire ce qui vous est commandé. » Le bourreau tira son cimeterre et, levant le bras, il aperçut un petit reliquaire suspendu au cou du Père, et qui, au dire des soldats, contenait des enchantements. Il n'osa point l'ôter avec les mains de peur qu'en le touchant il ne fût ensorcelé. Il commença donc par lui décharger sur la poitrine un grand coup de cimeterre, qui coupa le cordon du reliquaire et fit contre la poitrine et l'épaule une profonde blessure. Le martyr offre à Dieu les prémices de son sacrifice, tandis que le bourreau, lui déchargeant de nouveau son cimeterre sur le cou, lui tranche la tête. Celle-ci, contrairement aux lois de la nature, tomba en arrière avec le corps, au grand étonnement des spectateurs.

Ce glorieux triomphe de la foi de Jésus-Christ arriva au Marava le 4 février 1693. Le bienheureux de Britto avait 45 ans; il en avait passé 31 dans la Compagnie de Jésus, et 19 dans les missions du Maduré. D'après les témoins oculaires, il était d'une constitution faible; mais il avait un air noble et gracieux; ce qui lui attirait le respect et l'amour de tous. Il avait la figure ovale, le nez proportionné, les yeux petits, mais extraordinairement vifs et brillants; ses cheveux noirs et sa barbe longue et épaisse commençaient à blanchir par suite de ses continuelles fatigues. Mais pour le dépeindre en entier, il faut faire le portrait de son âme. Benoît XIV, encore promoteur de la foi, le trouva digne du titre de confesseur et de martyr, après avoir examiné les procès de sa canonisation; l'héroïcité de la vertu y brillait autant que la gloire du martyre.

Après sa mort, le bourreau lui coupa les mains et les pieds, les attacha ainsi que la tête à la ceinture du buste, et les suspendit ensemble au sommet du poteau planté à cet effet sur la colline. Il resta ainsi exposé et gardé par les soldats durant plusieurs jours. Enfin la pluie qui tombait par torrents ayant rompu les liens, la tête roula dans le fleuve et le corps tomba par terre; les bêtes féroces accoururent et en firent leur proie. Ainsi l'avait désiré et prédit le bienheureux martyr. Alors les soldats se retirèrent et les catéchistes recueillirent dévotement les os qui restaient encore ; ils retrouvèrent aussi la tête dans le fleuve ; ils achetèrent des soldats le pieu auquel ses membres avaient été attachés, et du bourreau le cimeterre dont il s'était servi pour trancher la tête du martyr. Ces différentes reliques furent transmises au père François Laynez, supérieur de la mission, qui les envoya à Pondichéry, et de là au collége de Goa. Peu d'années après, le père Jean da Costa emporta avec lui le cimeterre en Europe, et en fit présent au roi don Pédro II.

Grande fut la joie au Portugal quand on y apprit la nouvelle de ce martyre. Le roi don Pedro et dona Beatrix Pereyra la firent éclater par des fêtes magnifiques. Celle-ci, s'estimant heureuse d'être la mère d'un martyr, fit orner sa maison, revêtit ses plus riches vêtements, et célébra la mémoire de son fils par mille démonstrations d'allégresse et de reconnaissance. Fernand de Britto, frère du martyr, en fit autant à Monforte ; enfin partout où se trouvaient quelques parents des de Britto, les mêmes scènes se renouvelèrent.

Des nombreux prodiges opérés en tout temps par l'intercession du bienheureux Jean attestent la sainteté de sa mort. Nous nous contenterons de raconter les quatre miracles proposés à la Congrégation des rites.

XI.

Ignace Pollà guéri instantanément d'une fièvre maligne.

Le premier est la guérison instantanée d'Ignace Pollà, qu'une fièvre maligne avait conduit aux portes de la mort. Mais laissons-le parler lui-même : « Au mois de septembre 1723, je fus attaqué d'une fièvre maligne. Pour être mieux soigné, je me fis transporter à la maison du cathéchiste Suren, mon parent, médecin de profession. Cette maison était à Pullier, localité distante d'une demi-heure de ma patrie. Celui-ci et d'autres médecins me donnèrent divers remèdes, mais ils furent sans effet. On désespérait de ma vie ; je gisais sans connaissance et comme mort. Avant que je n'expirasse et pour lever les difficultés que les habitants de Pullier n'auraient pas manqué de faire, on me transporta à Oréiour, pour m'y donner la sépulture après ma mort. Sur la route, à une assez grande distance de Pullier, se trouve le lieu du martyre du vénérable père Jean de Britto. Arrivés à cet endroit, mes porteurs, soit compassion pour moi, soit dévotion pour le vénérable Père, me déposent, sans que j'en eusse la moindre connaissance. Tous me croyaient mort. Selon la coutume, ils récitent les litanies sur le lieu du supplice, et prient Dieu pour moi par l'intercession du vénérable Père. Cependant, à ce que ma femme m'a rapporté, ma belle-sœur s'en vient me toucher, dans l'idée que j'étais déjà mort. Au même moment, je poussai un grand soupir, et me tournai vers elle. A cette vue, sa ferveur redouble, et un moment après, je me lève aux yeux de tous, plein de santé, et sans aucun signe de maladie. Pour témoigner ma gratitude au serviteur de Dieu, je me prosternai à terre, et je rendis grâces au Ciel avec tous ceux qui étaient présents, et qui étaient dans l'admiration d'un si grand prodige. Je retournai de là à ma maison sans aucun secours, et aussi robuste que si je n'avais jamais été malade. Depuis ce temps, je n'ai plus ressenti aucun effet de mon infirmité. »

XII.

Guérison de Santiago Gaspar, paralytique de naissance.

L'an 1719, Louis Antonio, riche citoyen de Tripalacudi, eut un fils qui reçut au baptême le nom de Santiago Gaspar. Mais bien courte fut lá joie de ses parents; car l'enfant naquit affligé de paralysie et d'une atrophie monstrueuse. Toute la partie inférieure de son corps, depuis la ceinture, était morte et sèche, insensible et sans mouvements comme celle d'un squelette. Il grandit jusqu'à l'âge de trois ans, toujours dans le même état, sans pouvoir ni se remuer, ni se tenir debout.

Un jour le père se rendit, pour accomplir un vœu, au lieu du martyre du bienheureux Jean de Britto, par l'intercession duquel sa femme avait échappé à la mort dans une couche dangereuse;

il recommanda au serviteur de Dieu, plus par ses larmes que par ses paroles, son fils paralytique qu'il avait confié aux soins d'une tante. Chose vraiment merveilleuse ! au moment où le père priait, l'enfant se trouva subitement guéri dans la maison de sa tante. Ses jambes se couvrirent de chair ; ses nerfs devinrent flexibles ; ses veines se dilatèrent, et, affermi sur ses pieds, il se mit à courir et à jouer comme les enfants de son âge. Ses parents, ayant appris cette nouvelle par un messager, se rendirent en hâte près de lui ; et après avoir vu de leurs yeux un prodige si évident, ils rendirent des actions de grâce infinies à Dieu et à son glorieux serviteur, et reconduisirent leur fils chez eux.

XIII.

Une enfant paralytique de naissance est guérie subitement à Oréiour.

Plus invétérée encore était la paralysie de Jeanne, fille de Pierre et de Clémence, tous deux Maraviens. Elle était aussi née percluse; tout son corps au-dessous de la ceinture était séché, et elle n'avait qu'une peau aride sur les os. Ses parents, mus par le bruit des miracles qu'opérait à Oréiour l'intercession du père de Britto, portèrent leur fille au lieu de son martyre, et la lui recommandèrent avec une foi vive, promettant, s'ils obtenaient sa guérison, de donner un repas à cinquante pauvres le jour même, de faire des aumônes d'argent à autant de pauvres, trois mercredis, et enfin de jeûner eux-mêmes à trois différentes reprises en l'honneur du bienheureux, en visitant le lieu de son martyre. Dès la première fois qu'ils y allèrent, l'enfant obtint subitement l'usage de la langue, demanda à manger et appela son père par son nom. Le mercredi suivant, ils se rendirent à Oréiour avec plus de confiance encore, et étendant la petite fille sur le sol arrosé du sang du martyr, ils s'écrièrent dans la vivacité de leur foi : « O vénérable Père, ôtez-lui maintenant la vie, ou donnez-lui la santé, car nous ne voulons plus la reprendre aussi infirme, ni la reconduire dans notre demeure. » Or, à l'instant même, ses membres se redressèrent, se couvrirent d'une chair saine et vermeille, et Jeanne fut parfaitement guérie de son mal.

XIV.

Une jeune fille guérie instantanément de la lèpre.

Une autre jeune fille, de Philage Palla, fut frappée, à l'âge de dix ans, d'une lèpre hideuse. Deux chirurgiens des plus renommés furent appelés, et employèrent, pendant six mois, tous leurs soins et toute l'application possible ; mais ce fut sans succès et ils la déclarèrent incurable. Le corps de la malheureuse enfant n'était plus qu'une plaie. Ses ongles étaient tombés ; les doigts des mains et des pieds étaient rongés, et son corps rejetait tant de matières corrompues, que personne, même ses plus proches parents, n'osaient l'approcher à cause de l'odeur insupportable qui s'en exhalait. Une de ses tantes seulement fut touchée de pitié, et se confiant dans la protection du bienheureux Jean de Britto, elle la fit porter au lieu du martyre. Là, elle s'agenouilla et supplia Dieu avec ferveur de rendre la santé à sa nièce par les mérites de son serviteur. Elle obtint cette grâce ; car, sa prière à peine finie, l'enfant se dressa d'elle-même sur ses pieds ; en peu de temps, les ongles et la chair reparurent, les plaies se fermèrent, et la peau se renouvela entièrement pure et sans nulle trace du mal. L'étonnement fut extrême parmi les habitants du village, qui publièrent partout cet insigne et grand miracle.

LITANIES

DU BIENHEUREUX JEAN DE BRITTO,

MARTYR DE LA COMPAGNIE DE JÉSUS (1).

Seigneur, ayez pitié de nous.
Jésus-Christ, ayez pitié de nous.
Seigneur, ayez pitié de nous.
Jésus-Christ, écoutez-nous.
Jésus-Christ, exaucez-nous.
Père céleste, qui êtes Dieu, ayez pitié de nous.
Fils, Rédempteur du monde, qui êtes Dieu, ayez pitié de nous.
Esprit-Saint, qui êtes Dieu, ayez pitié de nous.
Trinité sainte, qui êtes un seul Dieu, ayez pitié de nous.
Cœur de Jésus, trône de la miséricorde, ayez pitié de nous.
Sainte Marie, Mère de Dieu, priez pour nous.
Reine des martyrs, priez pour nous.
Reine conçue sans la tache originelle, priez pour nous.
Bienheureux Jean de Britto, priez pour nous.

(1) Les personnes qui désireraient faire une neuvaine en l'honneur du bienheureux Jean de Britto, pourront lire chaque jour l'un ou l'autre chapitre de cet abrégé et réciter ces litanies avec les prières qui suivent.

Glorieux martyr de Jésus-Christ,
Très-digne fils de Saint-Ignace,
Émule de l'apôtre des Indes et du Japon,
Homme selon le cœur de Dieu,
Vase d'élection destiné à porter le nom de Jésus aux nations infidèles,
Apôtre du Malabar et du Maduré,
Gloire du Portugal,
Imitateur fidèle de Jésus crucifié,
Lumière brillante de la vérité évangélique,
Propagateur zélé du culte de Marie,
Destructeur des idoles,
Effroi des démons,
Modèle de la perfection religieuse,
Ornement de la Compagnie de Jésus,
O vous, à qui la vie a été miraculeusement conservée par saint François Xavier, votre glorieux modèle,
O vous, qui avez préféré aux splendeurs du monde l'ignominie de la croix,
O vous, qui avez reçu la grâce d'annoncer aux gentils les richesses incompréhensibles de Jésus-Christ,
O vous, qui avez fait à Dieu le vœu héroïque de consacrer toute votre vie au salut des Indiens,
O vous, qui avez servi de spectacle au monde, aux anges et aux hommes,
O vous, qui couriez au-devant des tourments pour gagner des âmes à Jésus-Christ,
O vous, qui avez été ignominieusement abreuvé d'outrages et accablé de mauvais traitements,
O vous, qui avez été abandonné à la brutalité d'une soldatesque barbare,

Priez pour nous.

O vous, qui bénissiez le Seigneur au milieu des supplices, | Priez pour nous.
O vous, dont les exemples et les paroles consolaient dans leurs chaînes les confesseurs de la foi, | Priez pour nous.
O vous, dont la sainteté de la vie relève la gloire du martyre, | Priez pour nous.
Pasteur fidèle qui avez donné votre vie pour le troupeau de Jésus-Christ, | Priez pour nous.
Victime de charité, | Priez pour nous.
Protecteur zélé de tous ceux qui ont recours à vous, | Priez pour nous.
Illustre par les miracles que vous avez opérés avant et après votre glorieux triomphe, | Priez pour nous.

Agneau de Dieu, qui effacez les péchés du monde, pardonnez-nous, Seigneur.
Agneau de Dieu, qui effacez les péchés du monde, exaucez-nous, Seigneur.
Agneau de Dieu, qui effacez les péchés du monde, ayez pitié de nous.
Jésus, écoutez-nous.
Jésus, exaucez-nous.

V. Priez pour nous, bienheureux Jean,
R. Afin que nous nous rendions dignes des promesses de Jésus-Christ.

PRIÈRE.

O Dieu, qui pour la propagation de la foi catholique dans les Indes, avez revêtu d'une force inébranlable le bienheureux Jean de Britto, votre martyr; par ses mérites et son intercession accordez à nous qui célébrons la mémoire de son glorieux triomphe, la grâce d'imiter les exemples de foi qu'il nous a laissés. Par Notre-Seigneur Jésus-Christ.

Ainsi soit-il.

HYMNE.

O Dieu! qui êtes vous-même le partage, la couronne et la récompense de vos soldats, daignez délivrer des liens du péché vos serviteurs qui chantent les louanges de votre martyr.

Ce saint a sagement compris le néant des joies du monde, et le poison de ses attraits flatteurs; et c'est par là qu'il est parvenu à la félicité.

Il s'est présenté généreusement aux supplices et les a soufferts avec constance; et parce qu'il a répandu son sang pour vous, il jouit de vos dons éternels.

Dieu de bonté, qui nous faites célébrer aujourd'hui le triomphe de ce glorieux martyr, accordez-nous, par son intercession, le pardon de nos péchés.

Louange et gloire soient rendues éternellement à Dieu le Père, à son Fils unique, et au Saint-Esprit consolateur. Ainsi soit-il.

ANTIENNE.

Ce saint a combattu jusqu'à la mort pour la loi de son Dieu, et il n'a pas craint les paroles menaçantes des impies : car il était fondé sur la pierre ferme.

V. Seigneur, vous l'avez couronné de gloire et d'honneur,

R. Et vous l'avez établi sur les œuvres de vos mains.

PRIÈRE.

O Dieu, qui par le ministère du bienheureux Jean de Britto, votre martyr, avez fait passer les peuples infidèles des ténèbres de l'erreur à la lumière de la vérité : accordez-nous par son intercession la grâce de demeurer fermes dans la foi, et inébranlables dans l'espérance que donne l'Évangile qu'il a annoncé. Par Notre-Seigneur Jésus-Christ. Ainsi soit-il.

FIN.

TABLE DES MATIÈRES.

6

FIN DE LA TABLE.

LIBRAIRIE CATHOLIQUE

DE

L. DE WAGENEER,

RUE AU BEURRE, N° 4, A BRUXELLES.

HISTOIRE DU BIENHEUREUX JEAN DE BRITTO, de la Compagnie de Jésus, missionnaire du Maduré et martyr de la foi, composée sur les documents authentiques, par le R. P. Prat, de la même Compagnie. Un beau volume de 414 pages, papier satiné, avec un joli portrait du bienheureux Jean de Britto, en costume de missionnaire indien. 2 00

ABRÉGÉ DE LA VIE DU BIENHEUREUX JEAN DE BRITTO, par le R. P. Joseph Boero. Un vol. gr. in-32, avec un joli portrait gravé sur acier. 0 50

MÉDITATIONS SUR LES VERTUS et les glorieuses prérogatives de la sainte Vierge, par le vénérable serviteur de Dieu Louis Dupont, prêtre de la Compagnie de Jésus; précédées d'une Notice biographique sur le vénérable auteur. Un beau volume gr. in-18, papier fin satiné. 1 25

PARAPHRASE DU CANTIQUE et des Litanies de la sainte Vierge, par le P. Berthier, de la Compagnie de Jésus. Joli opuscule in-32, papier satiné. 0 40

MARTYRE DU BIENHEUREUX JEAN DE BRITTO, missionnaire de la Compagnie de Jésus, au Maduré. Gravure sur acier par D. Desvachez, d'après le dessin original de J. Van Lerius.

Dimensions de la gravure :

Hauteur, 34 centimètres; largeur, 46 centimètres.

Prix de la gravure :

Épreuves avant la lettre,	papier de Chine	. .	25 00
D° d°	papier blanc.	. . .	20 00
Épreuves avec la lettre,	papier de Chine	. .	15 00
D° d°	papier blanc.	. . .	12 00

PORTRAIT DU BIENHEUREUX JEAN DE BRITTO (en costume de missionnaire indien), gravé sur acier d'après le dessin original de J. Van Lerius, par J. Franck.

Format in-8° sur papier de Chine	0 30
Format in-8° sur papier blanc	0 20
Petit format sur papier de Chine.	0 20
Idem sur papier blanc.	0 15

L'UNION AVEC NOTRE-SEIGNEUR JÉSUS-CHRIST dans ses principaux mystères, pour tous les jours de l'année, par le P. Jean-Baptiste Saint-Jure, de la Compagnie de Jésus. Nouvelle édition par un Père de la même Compagnie, augmentée d'une notice biographique sur l'auteur. Un beau volume gr. in 8°, papier satiné.

TABLEAU D'UNE VRAIE RELIGIEUSE, suivi d'une *Lettre sur les souffrances*, par le P. Boone, de la Compagnie de Jésus. 1 vol. grand in-18, papier satiné. 1 00

Ce petit ouvrage renferme :

Sentences et exemples sur la perfection pour chaque jour du mois.

Conseils de sainte Thérèse qui regardent le service de Dieu.

Les *Avis salutaires* de Monseigneur d'Orléans de la Motte, évêque d'Amiens, soutenus de ses exemples.

Vêpres du dimanche, vêpres de la sainte Vierge ainsi que les litanies de la sainte Vierge méditées.

LAMENTATIONS DE JÉRÉMIE, traduites en français, avec des réflexions spirituelles, par le Père Berthier, de la Compagnie de Jésus. Précédées d'une Notice biographique sur le Père Berthier et d'une Préface sur les *Lamentations de Jérémie*, tirée en partie du commentaire de dom Calmet. Joli vol. grand in-32, papier satiné. 0 60

« C'est surtout pendant la semaine sainte qu'on peut dire que l'Église prie et pleure. Elle emprunte la voix de ce prophète qui a su égaler la plainte aux douleurs, suivant l'admirable expression d'un écrivain de génie. Qui n'est profondément ému en entendant les chants lugubres de Jérémie retentir sous les voûtes de nos temples? Les Lamentations du saint homme pleurant sur les malheurs de Sion ont été admirablement traduites par le Père Berthier, qui les a accompagnées de réflexions spirituelles. C'est la meilleure lecture qu'on puisse faire surtout pendant la semaine sainte pour s'associer à la pensée de l'Église. Elles forment un petit volume accompagné de la vie du Père Berthier. »

(*Journal de Bruxelles.*)

CONFÉRENCES PRONONCÉES DANS L'ÉGLISE DU GESU A ROME, pendant le carême de 1851, par le R. P. Passaglia, de la Compagnie de Jésus. Joli volume grand in-32. 0 80

CONSIDÉRATIONS SUR LA PASSION DE N. S. JÉSUS-CHRIST, par le cardinal de la Luzerne, 1 vol. grand in-32. 1 00

ÉDUCATION DES JEUNES FILLES, Conseils aux mères de famille et aux institutrices, par Mme Céline Fallet. 1 vol. grand in-18. 1 00

« Ce petit volume, rédigé par une personne pleine

de foi et d'expérience, se recommande parmi les ouvrages destinés à l'instruction et à l'éducation chrétienne de la jeunesse. »

LETTRE SUR LES SOUFFRANCES par le Père Boone, de la Compagnie de Jésus ; in-18, papier fin. 0 20

DE LA MANIÈRE DE MÉDITER SELON LA MÉTHODE DE SAINT IGNACE, par un Père de la Compagnie de Jésus, suivie de : *Méthodes tirées des Exercices de saint Ignace*, approuvés par le saint-siége, etc. 1 vol. in-32 de 228 pages. 0 60

MANUEL DE LA DÉVOTION AU SACRÉ CŒUR DE JÉSUS, par le Père Gautrelet, de la Compagnie de Jésus. 1 vol. in-18. 1 25

Cet ouvrage se divise en deux parties : la première renferme :

LES OFFICES DU SACRÉ CŒUR, ou le premier Vendredi de chaque mois sanctifié par la dévotion au sacré Cœur de Jésus, et la pratique de la retraite du mois.

La deuxième partie contient :

LE NOUVEAU MOIS DU SACRÉ CŒUR DE JÉSUS, ou les trente-trois années de la vie du divin Sauveur, spécialement honorées pendant le mois de juin.

MÉDITATIONS SUR LA VIE DE N. S. JÉSUS-CHRIST, traduites du Père Alvarez de Paz, de la Compagnie de Jésus. Édition corrigée, augmentée d'une Notice biographique sur le Père Alvarez de Paz, et d'une table de Méditations pour les fêtes de N. S. Jésus-Christ. 1 vol. in-18. 1 25

Les *Méditations sur la Vie de Notre-Seigneur* se divisent en quatre parties : son Enfance, sa Vie publique, sa Passion, sa Gloire. Elles sont au nombre de soixante-deux, onze sur les premières années du divin Maître, treize sur sa vie publique, vingt-quatre sur ses douleurs, quatorze sur ses triomphes.

MÉDITATIONS SUR L'EUCHARISTIE, par M. l'abbé de la Bouillerie, vicaire général de Paris; avec cette épigraphe : « N'avez-vous pu veiller une heure avec moi? » Seconde édition, beau vol. in-18. 1 00

MÉTHODE POUR ASSISTER LES MALADES et les disposer à la mort, à l'usage des personnes qui, par office ou par circonstances, s'emploient au service des malades; par le père Gautrelet, de la Compagnie de Jésus. 1 vol. in-32. 1 00

Ce petit ouvrage renferme un chapitre spécial qui traite de la Congrégation de la bonne mort, en fait exactement connaître le but, l'origine, les indulgences et les règles.

MOIS DE MARIE DES AMES INTÉRIEURES, ou la Vie de la sainte Vierge proposée pour modèle aux âmes intérieures. A. M. D. G. et B. M. V. S. L. C. Tout à Jésus par Marie. Un joli vol. gr. in-18. 1 25

NEUVAINE A SAINT JOSEPH ou Méditations et entretiens affectifs sur ses grandeurs et ses vertus. Précédée de l'Excellence de la dévotion à saint Joseph, attestée par sainte Thérèse. 1 vol. gr. in-32, papier satiné. 0 40

SUJETS DE MÉDITATIONS SUR LE TRÈS-SAINT SACREMENT DE L'AUTEL, par M. l'abbé de la Bouillerie, vicaire général de Paris, auteur des *Méditations sur l'Eucharistie*. Vol. in-32.

« Ce charmant opuscule renferme 123 sujets de méditations qui ont spécialement pour objet la vie de N. S. Jésus-Christ, et les fidèles trouveront aisément les sujets qui se rapportent aux principales époques de l'année liturgique. »

SAINT JOSEPH, patron de la Belgique, gravure sur acier, par M. A. Glaser, de Dusseldorf.

Prix : avant la lettre sur chine, 1 25
— après la lettre sur chine, 0 75

« L'encadrement de cette belle gravure représente les principaux saints qui ont prêché la foi dans nos contrées. »

NEUVAINE EN L'HONNEUR DU BIENHEUREUX PIERRE CLAVER, de la Compagnie de Jésus. Précédée d'une Notice biographique sur sa vie et ses travaux apostoliques. Joli vol. gr. in-32, orné d'un beau portrait gravé sur acier. 0 50

La même Neuvaine, traduite en flamand. 0 30

PORTRAIT DU B. PIERRE CLAVER, gravé sur acier, par J. Franck :

Format in-4°, sur chine. 0 75
Format in-8°, sur chine. 0 50
Format in-18. 0 15

PORTRAIT DE SAINT FRANÇOIS XAVIER, de la Compagnie de Jésus, apôtre des Indes et du Japon. In-4°, magnifique gravure sur chine. 0 75

« C'est sans contredit le plus beau portrait, tant pour la ressemblance que pour l'exécution, qui ait été fait de ce grand saint. »

PORTRAIT DU VÉNÉRABLE JEAN BERCHMANS, de la Compagnie de Jésus; très-belle gravure sur chine, avant la lettre. 1 50

Avec la lettre, sur chine. 1 00
Le même, sur beau papier blanc. 0 75

VIE DE LA TRÈS-SAINTE VIERGE MÉDITÉE, ou Méditations sur la très-sainte Vierge, par le père Alvarez de Paz, de la Compagnie de Jésus. Un joli vol. gr. in-18. 0 75

VIE DE SAINT FRANÇOIS XAVIER, de la Compagnie de Jésus, apôtre des Indes et du Japon ; par le Père Bouhours, de la même Compagnie. Magnifique vol. in-8°, orné de 4 belles gravures. Édition complète, papier satiné. 3 50

—

ÉTUDE DE LA PERFECTION RELIGIEUSE. Moyens de l'exciter, de l'augmenter et de la conserver. 1 vol. in-32. 0 75

LES DIVERS ÉTATS D'ORAISON, Instructions spirituelles en forme de dialogues, par le R. P. Caussade, de la Compagnie de Jésus. 1 vol. in-32. 0 60

LECTURES SPIRITUELLES pendant tout le cours de l'année, par le P. Nouet. 7 vol. in-12. 13 50

On vend séparément :

L'Aimable Jésus, 3 vol. 6 »
L'Admirable Jésus, 2 vol. 3 50
Jésus le Saint des saints, 2 vol. 4 »

MÉDITATIONS ET ENTRETIENS pour tous les jours de l'année ; par le P. Jacques Nouet, de la Compagnie de Jésus. *Édition revue et corrigée*, comprenant : — 1re partie, Vie cachée de Jésus ; 2e partie Vie souffrante de Jésus ; — 3e partie, Vie glorieuse de Jésus ; — 4e partie, Vie mystique de Jésus dans le Saint Sacrement ; — 5e partie, Vie de Jésus conversant avec les hommes. — 8 vol. in-12. 16 »

MÉDITATIONS DE SAINT ANSELME, docteur de l'Église et archevêque de Cantorbéry ; traduit pour la première fois par M. Denain, bibliothécaire à l'Arsenal. 2 beaux vol. in-12. 6 »

MANUEL DE L'APOLÉGISTE, ou Analyses de conférences sur la religion, par le père J. B. Boone, de la Compagnie de Jésus. 2 vol. in-8°. 2 75

MÉDITATIONS SUR LA VIE DE JÉSUS-CHRIST, par le vén. père Nicolas Lancicius, de la Compagnie de Jésus, pour tous les jours et les fêtes principales de l'année; traduites du latin en français, par un Père de la même Compagnie. A. M. D. G. 2 vol. in-12. 3 »

MÉDITATIONS DU R. P. BOISSIEU de la Compagnie de Jésus, ou le saint Évangile de Jésus-Christ expliqué en méditations pour chaque jour de l'année, selon l'ordre de l'Église. 3 vol. in-12. 5 »

COUP D'ŒIL SUR L'HISTOIRE DE LA RELIGION, depuis la création du monde jusqu'à nos jours, par le même auteur (formant la partie historique du précédent ouvrage). 1 vol. in-8°. 1 25

OPUSCULES du même auteur, réunis en 2 volumes grand in-18. 1 50

Tous ces opuscules se vendent aussi séparément comme suit :

1. Instructions familières adressées à de jeunes personnes pour les prémunir dans les dangers du monde et pour former leur caractère. — Instructions sur les modes. 0 15

2. Instructions sur le théâtre. 0 15

3. Sur la piété solide et la perfection. 0 15

4. Sur la réception fréquente des sacrements de Pénitence et d'Eucharistie. 0 10

5. Sur la confession de dévotion. 0 15

6. Traité de la méditation. 0 20

7. Notre-Seigneur Jésus-Christ présenté aux enfants de Marie à la fête de Noël. 0 15

8. Aux enfants de Marie. 0 15

9. La dévotion au Sacré Cœur. — Prières et bonnes œuvres indulgenciées. — Mes résolutions. — L'amour envers Notre-Seigneur Jésus-Christ. 0 15

10. Appel en faveur de la propagation de la foi. 0 10

11. Instructions sur l'association de l'adoration perpétuelle du très-saint Sacrement et de l'œuvre des églises pauvres. 0 10

12. La sanctification des dimanches et des fêtes. 0 15

13. Conférences sur les bibles, réfutations. 0 40

14. Les mauvais livres et les mauvais journaux. 0 15

15. La bonne lecture. 0 15

A LA MÊME LIBRAIRIE.

HISTOIRE

DU BIENHEUREUX JEAN DE BRITTO,

DE LA COMPAGNIE DE JÉSUS, MISSIONNAIRE DU MADURÉ ET MARTYR DE LA FOI,

Composée sur des documents authentiques,

PAR LE R. P. PRAT, DE LA MÊME COMPAGNIE.

Un beau volume in-12, de 414 pages, papier satiné, orné d'un portrait du bienheureux J. de Britto.

MARTYRE

DU BIENHEUREUX JEAN DE BRITTO,

MISSIONNAIRE DE LA COMPAGNIE DE JÉSUS AU MADURÉ.

GRAVURE sur acier, par D. DESVACHEZ, d'après le dessin original de J. VAN LERIUS.

Dimensions de la gravure :

Hauteur, 34 centimètres, — largeur, 46 centimètres.

Épreuves avant la lettre,	papier de Chine.	25 00
»	papier blanc.	20 00
Épreuves avec la lettre,	papier de Chine.	15 00
»	papier blanc.	12 00

PORTRAIT

DU BIENHEUREUX JEAN DE BRITTO,

Gravé sur acier par J. FRANCK, d'après le dessin de J. VAN LERIUS.

Format in-8°, sur papier de Chine	0 30
Le même format, sur papier blanc	0 20
Petit format.	0 15

www.ingramcontent.com/pod-product-compliance
Lightning Source LLC
LaVergne TN
LVHW020418230826
846091LV00004B/1310

* 9 7 8 2 0 1 6 1 4 4 8 6 2 *